Raízes do subdesenvolvimento

Celso Furtado

Raízes do subdesenvolvimento

2ª edição

CIVILIZAÇÃO BRASILEIRA

Rio de Janeiro
2011

Copyright © 2003 by Celso Furtado

CAPA
Evelyn Grumach

PROJETO GRÁFICO
Evelyn Grumach e João de Souza Leite

      CIP-BRASIL. CATALOGAÇÃO-NA-FONTE
   SINDICATO NACIONAL DOS EDITORES DE LIVROS, RJ

       Furtado, Celso, 1920-2004
F987r   Raízes do subdesenvolvimento / Celso Furtado. – 2ª ed. –
2ª ed.   Rio de Janeiro: Civilização Brasileira, 2011.

       Ed. rev. e atual. do livro *A hegemonia dos Estados Unidos e o subdesen-*
   volvimento da América Latina.
   ISBN 978-85-20-00654-2

      1. América Latina – Condições econômicas – 1945-. 2. Estados Unidos –
   Relações econômicas exteriores – América Latina. 3. América Latina –
   Relações exteriores – Estados Unidos. 4. Brasil – Condições econômicas –
   1945-. I. Título.

                           CDD – 330.98
03-2361   CDU – 338.1(8)

EDITORA AFILIADA

Todos os direitos reservados. Proibida a reprodução, armazenamento ou transmissão de partes deste livro, através de quaisquer meios, sem prévia autorização por escrito.

Este livro foi revisado segundo o novo Acordo Ortográfico da Língua Portuguesa.

Direitos desta edição adquiridos pela
EDITORA CIVILIZAÇÃO BRASILEIRA
Um selo da
DISTRIBUIDORA RECORD DE SERVIÇOS DE IMPRENSA S.A.
Rua Argentina 171 – 20921-380 Rio de Janeiro, RJ – Tel.: 2585-2000

Seja um leitor preferencial Record.
Cadastre-se e receba informações sobre nossos
lançamentos e nossas promoções.

Atendimento e venda direta ao leitor:
mdireto@record.com.br ou (21) 2585-2002

Impresso no Brasil
2011

Sumário

NOTA INTRODUTÓRIA   7

CAPÍTULO I
O mito da guerra fria   11
1. A HEGEMONIA DOS ESTADOS UNIDOS   13
2. OCASO DE UMA ESTRATÉGIA   21

CAPÍTULO II
Estratégias de desenvolvimento   31
1. IMOBILISMO SOCIAL   33
2. CONCENTRAÇÃO DO PODER ECONÔMICO   42
3. A CONGLOMERAÇÃO   45
4. OS CONGLOMERADOS GEOGRÁFICOS   49
5. TENDÊNCIAS DA ECONOMIA INTERNACIONAL   54
6. A OPÇÃO POLICENTRISTA   61

CAPÍTULO III
Subdesenvolvimento e distribuição da renda   85
1. O DESENVOLVIMENTO   87
2. O CAPITALISMO PERIFÉRICO   101
3. FASES DA INDUSTRIALIZAÇÃO   109

CAPÍTULO IV
As estruturas econômicas latino-americanas 117
1. AS ESTRUTURAS TRADICIONAIS *119*
2. A IMPORTÂNCIA DOS FATORES EXÓGENOS *129*
3. A INDUSTRIALIZAÇÃO PERIFÉRICA *133*
4. O CERNE DO PROBLEMA *148*

CAPÍTULO V
Particularidades do caso brasileiro 153
1. A ESTRUTURA AGRÁRIA *155*
2. O CAPITALISMO DE GRANDES UNIDADES *164*
3. CONCENTRAÇÃO DA RENDA *171*
4. OS PROCESSOS PRODUTIVOS *177*
5. INADEQUAÇÃO DO PERFIL DA DEMANDA GLOBAL *186*
6. INSUFICIÊNCIA DA CAPACIDADE PARA IMPORTAR *196*
7. ALIENAÇÃO DO PODER ECONÔMICO *200*

ÍNDICE REMISSIVO *217*

Nota introdutória

Os ensaios que deram origem a este volume foram escritos entre 1964 e 1968. Reordenados, e modificados, para serem apresentados a um público mais amplo (as edições americana e francesa saíram em 1970, a italiana em 1971 e a japonesa em 1972), passaram por uma nova leitura para a presente reedição.* As modificações introduzidas são mais do que formais. Consideramos conveniente suprimir ou simplificar a análise das partes formalizadas, eliminando trechos da versão original e ampliando o horizonte prospectivo.

As relações entre subdesenvolvimento e dependência externa, observadas do ângulo dos efeitos do progresso tecnológico, são o ponto de partida de uma linha de reflexão que nos permitirá tentar uma explicação geral para os dois fenômenos.

As inúmeras análises suscitadas por estes ensaios desde sua primeira publicação, fora e dentro do Brasil, nos ajudaram não apenas a ver mais claramente muitos dos temas centrais abor-

---

*A primeira edição brasileira, lançada em 1973 pela Civilização Brasileira, recebeu o título *A hegemonia dos Estados Unidos e o subdesenvolvimento da América Latina*.

dados, mas também a superar insuficiências. Não nos seria fácil traçar uma linha divisória entre o que é fruto do trabalho pessoal e o que recebemos de economistas, sociólogos e cientistas políticos latino-americanos, particularmente os da escola estruturalista.

A diferença desta edição em relação à anterior faz-se evidente quando se tem em conta que a chamada guerra fria — construção dos ideólogos de Washington empenhados em conter as "forças do mal" — é hoje percebida como um simples mito, que se dissolveu no ar no decênio de 1980, com a queda do Muro de Berlim.

Com efeito, o quadro esboçado nestes ensaios refere-se particularmente à realidade histórica que vivemos na segunda metade do último século. A desarticulação do sistema de poder soviético veio confirmar a suspeita de uma fraqueza que refletia a evolução deformada de suas estruturas. Da mesma forma, logo se comprovou que o notável avanço tecnológico logrado pelos soviéticos em muitas frentes não havia penetrado o suficiente nos tecidos sociais. Daí o envelhecimento precoce do seu sistema, que se mostrou inapto para enfrentar o horizonte de incertezas com que se depara o mundo atual. Com respeito à América Latina e ao Brasil em particular, a análise guarda sua plena atualidade.

O importante para nós é que o debate em torno da temática deste livro continua a preocupar os meios acadêmicos e políticos em geral, que se sentem privados de recursos para enfrentar a crise resultante do fracasso das experiências neoliberais que marcam a virada do século.

Agradeço a Rosa Freire d'Aguiar a valiosa ajuda que me deu para a preparação do presente texto.

Paris, maio de 2003
Celso Furtado

CAPÍTULO I   O mito da guerra fria

1. A HEGEMONIA DOS ESTADOS UNIDOS

Na constelação de nações que eram conhecidas como Terceiro Mundo — nações para as quais os problemas do desenvolvimento são prioritários —, os países da América Latina ocupam uma situação particular, em razão da peculiaridade de suas relações com os Estados Unidos. Os países subdesenvolvidos africanos e asiáticos, em sua quase totalidade, alcançaram a independência política no correr do último meio século, embora já não sejam liderados pela geração surgida de lutas revolucionárias. Contudo, a memória das vitórias alcançadas ainda pesa positivamente em muitos desses países. Na América Latina prevalece a consciência generalizada de que são grandes as dificuldades a enfrentar. Sabe-se que a margem de autodeterminação na busca de meios para atacar os problemas do subdesenvolvimento vai se reduzindo, à medida que os imperativos da "segurança" dos Estados Unidos vão exigindo crescente alienação de soberania por parte dos governos nacionais.

Sendo fato notório que os problemas relevantes da política interna dos países latino-americanos interessam diretamente às autoridades responsáveis pela segurança dos Estados

Unidos, que estão em condições de interferir de forma decisiva no encaminhamento das soluções, é perfeitamente natural que uns países indaguem com crescente preocupação: o que se entende exatamente por "segurança" dos Estados Unidos? Os povos latino-americanos que, no passado, viveram quase exclusivamente voltados para si mesmos compreendem que o seu futuro será cada vez mais influenciado por acontecimentos que ocorrem fora de suas fronteiras e pelo grau de percepção que tenham deles.

Os Estados Unidos se diferenciam de qualquer outra nação moderna pelo fato de sua formação histórica ter se realizado em condições ideais de segurança externa. Até meados do século XX, afirma um dos mais lúcidos analistas da política externa dos Estados Unidos, os norte-americanos tinham um sentido de segurança face ao mundo exterior que nenhum outro povo havia experimentado desde a época dos romanos.[1] Historicamente, a exclusão da França do continente americano durante as guerras napoleônicas, a preocupação dos ingleses em manter a integridade do extenso e vulnerável território canadense e a preeminência da Inglaterra na região euro-asiática, exercida pela política de equilíbrio de poderes, criaram condições para que a expansão territorial dos Estados Unidos e a consolidação de suas instituições políticas ocorressem sem enfrentar obstáculos significativos. Os ingleses preservaram o Canadá, mas ao mesmo tempo transformaram a sua poderosa frota no principal instrumento da segurança

---

[1] George F. Kennan, "The sources of soviet conduct", artigo publicado em *Foreign Affairs* (julho de 1947) e reproduzido em *American diplomacy: 1900-1950*, University of Chicago Press, Chicago, 1951, p. 9.

externa dos Estados Unidos. Como as nações americanas, isoladamente ou em aliança, não constituíam perigo real ou potencial, sempre que a frota inglesa pudesse ser usada para evitar a interferência de qualquer outra nação europeia no hemisfério os Estados Unidos desfrutariam de condições ideais de segurança. Esta foi a chamada Doutrina Monroe, cuja formulação teve a decisiva contribuição dos ingleses. Uma doutrina que tanto podia ser interpretada como uma forma de se definir para os Estados Unidos uma área de segurança — que só teria sentido levando-se em conta o papel do poder naval inglês —, como uma política inglesa cuja intenção era afastar das Américas as demais potências europeias, formando um espaço econômico sob sua regência. Com efeito, os dois objetivos foram perfeitamente conciliáveis durante todo o século XIX.

Foi somente no século XX que os americanos perceberam que as condições ideais de segurança externa de que gozavam decorriam muito menos da sabedoria de sua política de "isolamento" do que da posição inglesa como árbitro dos conflitos de poder na Europa. A partir do momento em que o desenvolvimento industrial da Alemanha deu-lhe condições de reivindicar a hegemonia no continente europeu, teve início o período das grandes guerras europeias, para as quais os Estados Unidos seriam arrastados por sua comunhão de interesses com os ingleses.

Os conflitos mundiais do século XX puseram fim ao sistema de poder que se formara desde as guerras napoleônicas, no qual a supremacia inglesa, decorrente da sua capacidade industrial e da flexibilidade de sua potência naval, se exercia como simples poder de arbítrio. No interior desse sistema, um pequeno número de nações reclamava um "poder imperial". Contudo, o exercício desse poder era limitado pelas exigências de segurança das demais "grandes potências". Nas brechas do sistema, criavam-se condições para a sobrevivência de certo número de pequenas e médias nações. Esse quadro se modificaria substancialmente em decorrência das duas grandes guerras do século passado, criando-se pela primeira vez, na história moderna, uma bipolarização de forças. E, de súbito, os Estados Unidos foram colocados no centro de um dos polos do poder mundial.

Tendo-se desenvolvido historicamente em condições privilegiadas de segurança, e havendo sempre alcançado seus objetivos externos mediante a mobilização de escassos recursos militares ou diplomáticos, os Estados Unidos tiveram que ocupar, ao término da Segunda Guerra Mundial, uma outra posição: exercer uma complexa política de poder em bases totalmente novas. A única doutrina de que puderam dispor para enfrentar a nova situação estava enfeixada no pensamento de Wilson, que seguia as linhas da experiência pan-americana de formação de uma "sociedade democrática de nações": as grandes potências seriam chamadas a renunciar aos seus poderes imperiais; conceder-se-ia autodeterminação aos povos coloniais; os assuntos internacionais passariam a ser tratados com uma disciplina de tipo parlamentar. Evidentemente, uma organização desse gênero demandava a existência de um superpoder capaz de desencorajar a ação de qualquer país, ou grupo de países, que pretendesse exercer poderes imperiais sobre os outros. Além disso, só poderia surgir de uma superpotência ou de um "acordo" entre as grandes potências, fórmula que prevaleceu formalmente ao ser estruturada a Carta das

Nações Unidas, instituindo a tutela dos cinco membros permanentes do Conselho de Segurança. Essa carta, entretanto, limitava-se a estabelecer um método de ação diplomática que não garantia que as pretensões das grandes potências fossem compatíveis em sua substância. Para que se viabilizasse a ideia de uma sociedade de nações debatendo as suas divergências e votando como em um parlamento, era necessário, de alguma forma, o reconhecimento da existência de um superpoder. Os americanos, mais que qualquer outro povo, têm consciência desse fato: sua própria União exigiu um esforço secular para conseguir o efetivo reconhecimento de um superpoder apto a contrapor-se à força centrífuga dos interesses dos estados cuja existência precedera à da União.

Para ter êxito, o esquema americano de organização de uma sociedade de nações requeria a implantação de uma disciplina internacional. Ocorre, entretanto, que a Segunda Guerra Mundial provocou o surgimento de uma potência em condições de pretender exercer a hegemonia no continente euro-asiático, isto é, engendrou aquilo contra o que a Inglaterra e os Estados Unidos haviam lutado nas duas grandes guerras. Explica-se, assim, que ao conflito militar, em sua fase final, se haja sobreposto um conflito político entre os principais aliados: ingleses e americanos, até então ligados aos russos, estavam preocupados em garantir posições estratégicas que permitissem "conter", no futuro, o poder soviético. Ora, a nova superpotência euro-asiática, ao contrário dos Estados Unidos, tivera toda a sua história marcada por circunstâncias de extrema insegurança, tendo sobrevivido a sucessivas invasões provenientes tanto do Oriente como do Ocidente. Não seria de admirar que, ao término da Segunda Guerra, a União

Soviética, diferentemente dos Estados Unidos, procurasse estruturar a sua política externa em torno das questões que envolviam sua segurança mais imediata. Essa segurança, na forma como os soviéticos a entenderam, implicou a interferência nos negócios internos de determinados países, a fim de que governos "hostis" não viessem a se formar em regiões vizinhas tradicionalmente usadas como trampolim para atacar o território russo.

O mundo do pós-guerra nasceu, portanto, marcado por uma divergência fundamental entre as duas superpotências quanto à forma de se autolimitarem no exercício do próprio poder para viabilizar a convivência internacional. A União Soviética partiu para a criação e consolidação de uma "esfera de influência", reservando-se o direito de interferir nos assuntos internos dos países integrados em sua órbita, em função dos objetivos de sua "segurança" externa. Os Estados Unidos, por sua vez, orientaram-se no sentido da organização de uma sociedade internacional "aberta", cuja liderança assumiriam facilmente graças a seu enorme poder econômico. Esse conflito em matéria substantiva, num mundo em que o poder se apresentava bipolarizado, tornaria totalmente obsoletos os métodos tradicionais de se fazer política internacional. Razões de outra ordem, decorrentes da revolução tecnológica ocorrida nessa mesma época, fariam da guerra generalizada um arcaico instrumento de ação no plano internacional. Surgiu então essa estranha combinação de métodos diplomáticos e ação militar indireta que receberia a denominação de "guerra fria".

Não surpreende que os estudiosos vejam na guerra fria uma engenhosa técnica de convivência entre nações utilizada numa época em que repentinamente se tornaram ultrapassados os métodos tradicionais da diplomacia e da guerra, sem que antes houvesse sido criado um novo sistema de relações internacionais viável. Com efeito, a doutrina da guerra fria surgiu nos Estados Unidos como uma hábil alternativa ao uso da força militar na política de "contenção" da União Soviética. Reconhecida a existência de um "conflito fundamental" com esse país, que não aceitava a forma de organização internacional preconizada pelos Estados Unidos e paralisava as Nações Unidas com o seu poder de veto, colocava-se a alternativa de negociar ou ir à guerra. A possibilidade de negociação tornara-se, entretanto, remota, uma vez que os americanos exigiam dos soviéticos demonstrações prévias de "bom comportamento", tais como: "paralisar toda pressão contra as instituições livres do Ocidente" — o que equivalia a exigir que os russos assumissem abertamente a responsabilidade pelo movimento comunista mundial para em seguida desacreditá-lo. Muito provavelmente os soviéticos careciam não só de vontade, mas de meios para dar tais demonstrações de "boa-fé". Nessas condições, era natural que ganhassem ascendência nos Estados Unidos aqueles que apresentavam a guerra como "inevitável"; eles dispunham de convincentes argumentos para provar que, se a guerra tinha de acontecer, "quanto antes melhor". Foi então que surgiu a doutrina de que a União Soviética podia ser "contida", levada de roldão e mesmo traumatizada internamente mediante uma "hábil e vigilante aplicação de contragolpes em uma série de pontos geográficos e políticos em constante variação". Tal doutrina foi apresentada como um conjunto consistente de ideias por um alto funcionário do Departamento de Estado, na época pessoa de grande influência junto ao presidente Truman,[2] e apoiava-se em alguns postulados que a opinião pública americana aceitava como evidentes. A Rússia seria um país com "uma população física e espiritualmente cansada". O seu sistema econômico era apresentado como "vulnerável e impotente" e sobre a sua vida política "pairava uma grande incerteza". Em razão desses fatos, "a União Soviética poderá transformar-se, do dia para a noite, de uma das mais fortes em uma das mais fracas e deploráveis sociedades nacionais". Por seu turno, os Estados Unidos "estavam em condições de influir por suas ações nos acontecimentos internos, tanto na Rússia como no movimento comunista internacional", e assim "aumentar enormemente as pressões sob as quais a política soviética deve operar", "provocando tendências que eventualmente levem à ruptura ou ao gradual amolecimento do poder soviético". Em última instância, essa doutrina pretendia que os Estados Unidos, em razão das fraquezas internas do sistema soviético, pudessem alcançar os objetivos da sua política internacional sem correr os riscos nem sofrer o desgaste de uma grande guerra. Surgiu assim o mito da guerra fria, certamente o instrumento de propaganda ideológica dominante na segunda metade do século XX.

Na realidade, os Estados Unidos deveriam agradecer à Providência a oportunidade de realizar esse novo tipo de guerra. Com efeito, ao lhes proporcionar esse desafio implacável,

---

[2] Trata-se de George F. Kennan, historiador diplomático, conselheiro do Departamento de Estado, do qual foi diretor da Seção de Planejamento Político, e posteriormente embaixador na União Soviética e na Iugoslávia.

a Providência fez com que sua segurança como nação dependesse de seu povo unir-se cada vez mais e aceitar as responsabilidades de liderança moral e política que a história seguramente lhe reservara.[3]

2. OCASO DE UMA ESTRATÉGIA

Apreciando os fatos com maior distância no tempo, podemos hoje duvidar de que a guerra fosse efetivamente uma alternativa de ação para os Estados Unidos. Uma autoridade insuspeita de ter simpatia pela União Soviética, como o professor Hans Morgenthau, nos diz, por exemplo: "Uma guerra atômica preventiva teria resolvido o problema do comunismo na Rússia e teria solucionado o problema do imperialismo russo, mas não teria solucionado o problema de como governar um território radioativo cobrindo uma sexta parte do globo [...]. O fato de que [o governo dos Estados Unidos] não pudesse considerar seriamente essa alternativa é um reflexo, não primeiramente de virtude moral, como muitos de nós gostaríamos de pensar, mas das incontroláveis e terríveis consequências da moderna tecnologia militar. Houvessem os Estados Unidos tido a mesma superioridade sobre a União Soviética em armas militares convencionais, e poderiam tê-la utilizado muito melhor para os propósitos da sua política externa do que estiveram em condições de fazê-lo quando sua superioridade residia no monopólio da bomba

---
[3]Todas as citações do parágrafo são do artigo de George F. Kennan, op. cit., pp. 89-106.

atômica."[4] Se a guerra era um instrumento inadequado e a negociação havia sido excluída *a priori*, cabe inferir que os Estados Unidos, no imediato pós-guerra, embriagados com o seu imenso poder e o monopólio da bomba atômica, haviam superestimado os seus meios de ação e fixado para si mesmos objetivos internacionais irrealistas. Diante do impasse criado por essa situação, coube à doutrina da guerra fria dar uma satisfação à opinião pública americana, permanentemente excitada pelos belicistas. A União Soviética estaria sendo "contida" e isso era suficiente para demonstrar que a guerra fria estava produzindo resultados.

É fácil demonstrar que esse esforço de "contenção" tinha tal objetivo, além de possivelmente acobertar outras linhas de ação interna e externa, já que o próprio arquiteto dessa doutrina escreveria um decênio depois: "Nunca pensei que o governo soviético quisesse uma guerra mundial em momento algum desde 1945, ou que se inclinasse, por qualquer motivo de política racional, a iniciar tal guerra, mesmo que a arma atômica jamais tivesse sido inventada." E acrescentaria que, inclusive quanto às nações que fazem fronteira com a União Soviética, jamais observou "nenhuma intenção soviética de lançar qualquer agressão militar aberta".[5]

Era da essência da guerra fria o não reconhecimento da esfera de influência soviética. A política de "contenção", lem-

---

[4]Hans Morgenthau, "A reassessment of United States foreign policy" (1958), reproduzido em *Politics in the Twentieth Century*, University of Chicago Press, Chicago, 1971, vol. II, p. 62.

[5]Conferências pronunciadas por George F. Kennan na BBC em 1958, e reproduzidas em *Russia, the atom and the West*, Greenwood Publishing Group, Nova York, 1974 (1ª ed.: 1958).

bra Morgenthau, "sempre implicou empurrar para trás o poder soviético, 'liberar' as nações satélites". E acrescentava: "Sejam os meios escolhidos 'negociação de uma posição de força', rearmamento da Alemanha, garantias de segurança, ou força moral, a 'liberação', em contraste com o reconhecimento de uma esfera de influência russa, tem sido sempre o objetivo implícito da política de contenção."[6]

Sendo assim, pode-se afirmar que, a rigor, a guerra fria terminou na segunda metade do decênio de 1950, quando os Estados Unidos reconheceram de forma mais ou menos explícita a esfera de influência da União Soviética. O levante da Hungria, de 1956, teve a esse respeito um significado particular. A não intervenção norte-americana, conquanto um dos principais objetivos da guerra fria fosse a "liberação dos satélites russos", resultava na legitimação indireta da esfera de influência soviética. Este e outros movimentos similares em países centro europeus controlados pelos soviéticos tiveram outra significação, ainda mais profunda: demonstraram que a revolução social realizada nesses países, fosse qual fosse o método adotado, devia ser considerada de difícil reversibilidade. O grito de protesto não era contra as conquistas sociais obtidas, era contra a preeminência política da União Soviética; portanto, era um erro confundir o Estado policial existente com a submissão aos soviéticos. Esses movimentos de liberação assinalam a transição entre a fase da hegemonia quase imperial soviética e a tentativa de criação de uma comunidade de nações socialistas.

---

[6]Hans Morgenthau, "The Revolution in the United States Foreign Policy" (1957), op. cit., p. 40.

A partir da segunda metade dos anos 1950, o avanço da tecnologia militar na União Soviética acarretaria modificações fundamentais no quadro internacional. A espinha dorsal do seu sistema de defesa passou a ser cada vez menos o controle do acesso a territórios vizinhos e cada vez mais as armas estratégicas localizadas em seu próprio território.

O reconhecimento de uma nova realidade internacional evoluiria lentamente nos Estados Unidos. Iriam se passar ainda alguns anos até que um homem lúcido como o senador Fulbright se atrevesse a pensar coisas "impensáveis" a respeito. No seu famoso discurso sobre *Velhos mitos e novas realidades*, ele afirma que é necessário "começar a pensar alguns pensamentos impensáveis; os Estados Unidos devem abandonar a esperança de uma vitória global, definitiva contra o comunismo". Ocorre entretanto que, a essa altura, a situação se havia tornado muito mais complexa, com o surgimento da China como novo centro autônomo de decisões políticas de significação mundial. À semelhança da União Soviética no imediato pós-guerra, a China é um país "inconquistável", mas com reduzido poder estratégico. Resulta daí que sua influência tende a exercer-se nos países fronteiriços e sua política de segurança externa, a traduzir-se em interferência nos países vizinhos. Reconhecer a China como centro autônomo de decisões equivale a reconhecê-la como potência predominante na Ásia. Isso, lembra mais uma vez George F. Kennan, seria para os americanos o mesmo que "abandonar [aos chineses] os frutos da nossa vitória sobre o Japão e transformar essa vitória em uma coisa sem sentido".[7]

---

[7] George F. Kennan, "A Fresh look at our China Policy", publicado em *The New York Times Magazine*, 22 de novembro de 1964.

Procurando evitar a consolidação da China como potência predominante na Ásia, os americanos ocuparam parte do seu território (Taiwan) e criaram uma situação de guerra permanente com o país. Esse conflito assumiu a forma de uma variante da guerra fria, em razão do impasse criado por dois fatores: *a*) a enorme superioridade estratégica dos Estados Unidos, que retira da China qualquer iniciativa militar, excluída a hipótese de apoio estratégico da União Soviética; *b*) a incapacidade americana de "conquistar" militarmente a China, isto é, ocupar de forma permanente o seu território.

A política de guerra fria dos Estados Unidos contra a União Soviética apoiava-se em dois pontos. O primeiro era a doutrina da inviabilidade a médio e longo prazos do sistema econômico-político soviético. O segundo, a ideia de que a recuperação econômica dos países da Europa ocidental reduziria a importância relativa da União Soviética no continente europeu, permitindo "equilibrar" o seu poder militar "convencional". Com o correr dos anos ficou evidente o acerto dessa estratégia, que restringia a área de confrontação aos interesses econômicos, em particular à esfera tecnológica.

No caso da China esses dois pontos básicos tiveram escassa validade. Nesse país, os dados do problema eram fundamentalmente diversos. Em nenhum momento houve dúvida quanto à estabilidade do regime político chinês. Ademais, não se vislumbrava qualquer possibilidade de que o poder "convencional" da China viesse a ter a sua importância relativa reduzida no continente asiático. Por último, como o poder militar não convencional chinês aumentava em permanência, fosse qual fosse a sua taxa de crescimento, podia-se ter como certo que a tendência era para uma mudança na relação de forças, favorável à China. Em face desse quadro, era natural que os Estados Unidos procurassem utilizar a sua grande superioridade estratégica para negociar "agora" com a China, no sentido de limitar sua esfera de influência no continente asiático. Aos chineses, evidentemente, interessava postergar o mais possível o dia dessas "negociações".

A política dos Estados Unidos desde o final dos anos 1950, quando já estava claro que a guerra fria entrava em declínio, orientou-se no sentido de aceitar regras flexíveis de convivência, respeitando as esferas de influência historicamente estabelecidas.

Em relação à União Soviética, o esforço para definir essas áreas sofreu teste decisivo por ocasião da chamada "crise cubana dos foguetes", em outubro de 1962. Nesse confronto ficou estabelecido que a União Soviética não poderia dar garantias ilimitadas de defesa a um país da esfera de influência norte-americana que pretendesse escapar à hegemonia dos Estados Unidos. A vitória americana consistiu em encaminhar a crise de modo a levar a União Soviética ao desafio de ter que deflagrar uma guerra termonuclear ou reconhecer o "direito" dos Estados Unidos de limitar a soberania de qualquer país sob sua órbita, mesmo depois que esse país tivesse conseguido modificar sua estrutura social. Isso significava, em última instância, que um país que mudasse sua estrutura social e, assim, se afastasse da esfera de influência dos Estados Unidos, poderia ser "tolerado", mas não reconhecido pelo poder dominante. Estabeleceu-se a doutrina de que defender um país "tolerado" seria sempre um ato enquadrado nas chamadas guerras limitadas.

A liquidação ou metamorfose da guerra fria é tema que apaixona os analistas da história contemporânea. A surpreendente desarticulação do sistema de poder soviético teve um impacto nas relações internacionais que continua a deixar perplexos os mais argutos estudiosos da matéria. Decerto sabemos apenas que houve uma concentração de poder em benefício dos Estados Unidos, sem precedente por sua magnitude. A intensificação da carreira armamentista no plano tecnológico e a posição secundária a que foram relegadas as Nações Unidas indicam que os norte-americanos se preparam para assumir funções de liderança internacional efetiva neste início de século.

Uma visão retrospectiva dos últimos decênios e de suas incertezas, que culminaram com o arquivamento dos exercícios exaustivos em torno dos cenários possíveis de uma guerra fria mítica, nos obriga a reconhecer que o fantasma de uma nova conflagração mundial foi engendrado como arma de difusão da ideologia capitalista. Hoje todos admitimos que em nenhum momento houve risco efetivo de guerra total. Basta relembrar a "crise dos foguetes" em Cuba, a que acabamos de nos referir. Os riscos assumidos pelos atores de maior relevo suscitaram em todos eles tamanho pavor que já ninguém pensou em repetir esse tipo de experiência. Excluída a hipótese de guerra entre grandes protagonistas como instrumento para alcançar os fins da política, a verdadeira confrontação passa a ter lugar na área tecnológica e da informação.

Se nos limitarmos à dimensão econômica desse novo quadro, veremos que as técnicas de planejamento convencionais destinadas a solucionar os problemas específicos das economias avançadas tornaram-se insuficientes. Também ficou claro que a estabilidade que existia nas economias dependentes do ex-sistema socialista era incompatível com uma verdadeira política de desenvolvimento. Quanto à própria União Soviética, o desenvolvimento extraordinário alcançado em áreas específicas da tecnologia militar pôs em evidência os riscos de desequilíbrio macrossocial inerentes a um planejamento econômico descolado da realidade. A ilusão de que com o aperfeiçoamento das técnicas de planejamento tudo podia ser previsto se desfez. Descobriu-se o que nunca devia ter se esquecido: a criatividade humana desempenha papel fundamental na evolução das sociedades.

Por último, a experiência recente da China vem demonstrar que os recursos da técnica de planejamento podem ser empregados independentemente da centralização política das decisões estratégicas. O pioneirismo do sistema econômico que está emergindo na China abre a cena para um novo ato desse drama sempre surpreendente que é a construção da civilização capitalista.

A evolução do quadro social e econômico subsequente à liquidação da guerra fria, no final dos anos 1980, vem exigindo uma ampla reflexão. Essa análise há de requerer estudos prévios sobre temas específicos, o que, provavelmente, já vem sendo elaborado em múltiplas instituições de pesquisas.

Contudo, o problema de fundo permanece o mesmo: pouco sabemos a respeito das relações entre a criatividade de homens e mulheres e as manifestações do espírito de revolta. Aparentemente as criaturas humanas só se sentem plenamente realizadas em ambientes sociais que as expõem a riscos e onde há desafios a enfrentar. Assim, o debate verdadeiramente fecundo sobre os rumos de nossa civilização terá de partir de duas questões ineludíveis: Como estimular a criatividade humana? Por que às mulheres cabe papel secundário na condução dos destinos da humanidade?

CAPÍTULO II Estratégias de desenvolvimento

1. IMOBILISMO SOCIAL

Excluída a hipótese de qualquer interferência militar exterior pelo poder estratégico dos Estados Unidos, a questão que se apresenta é saber se a tutela americana está em condições de assegurar um grau adequado de estabilidade social na área de influência respectiva. Sem estabilidade social qualquer política de segurança será necessariamente precária.

Durante muito tempo esse problema foi considerado nos Estados Unidos como um simples aspecto da guerra fria. Atribuía-se à ação "maquiavélica" da União Soviética a instabilidade social no Terceiro Mundo. A única solução era "conter" a potência "agressora". Referindo-se à administração Eisenhower, disse o professor Morgenthau: "Tanto o pensamento como as ações do nosso governo tendem para o suposto de que a União Soviética não é apenas a exploradora da revolução mundial — o que é correto — mas também a sua criadora — o que é um absurdo conveniente."[8]

---

[8] Hans Morgenthau, "The Revolution in the United States Foreign Policy" (1957), op. cit., p. 40.

Posteriormente surgiu a doutrina, formulada por técnicos do MIT, liderados por W. W. Rostow, segundo a qual os Estados Unidos poderiam alcançar mais facilmente seus propósitos políticos com uma bem orientada "ajuda externa" aos países subdesenvolvidos.[9] Admite-se que o processo de desenvolvimento pode ser orientado de fora para dentro, devendo ser o objetivo dos Estados Unidos "criar Estados independentes, modernos e em desenvolvimento".[10] Todo o problema estaria em ajudar os países subdesenvolvidos a vencer as dificuldades iniciais e a alcançar o ponto de "desenvolvimento autossustentado". Está implícito nessa tese que, superadas as dores anteriores ao *take-off*, já não haveria nenhum risco sério de instabilidade social.

Essa tese, que gozou de grande prestígio em determinada fase e deu a sua mais brilhante eflorescência na Aliança para o Progresso, passou, entretanto, a ser seriamente criticada em período subsequente. Não se deve esquecer que o próprio desenvolvimento, mesmo orientado de fora, cria instabilidade social, enquanto "cava por baixo a estrutura social e a ordem religiosa".[11] Essa linha de pensamento tem dado ênfase ao fato de que não se deve perder de vista que o objetivo da política

---

[9] As ideias desses técnicos estão expressas num estudo apresentado a um grupo especial do Senado norte-americano, em julho de 1957: "The objectives of United States Economic Assistance Programs".

[10] W. W. Rostow, "The stages of economic growth" (1959), reproduzido em *American strategy for the nuclear age*, organizado por Walter F. Hahn e John C. Neff, Doubleday, Nova York, 1960, p. 372.

[11] Arnold Wolfers, "Military or economic aid: questions of priority", informe ao Comitê Presidencial para o Estudo do Programa de Assistência Militar, julho de 1959, reproduzido em *American strategy for the nuclear Age,* op. cit., p. 386.

americana é conservar integrada a sua esfera de influência e que o desenvolvimento deste ou daquele país deve ser considerado como um meio para alcançar esse fim. "Como regra", diz o professor Wolfers, "o tipo mais efetivo de ajuda será o que proporcione o máximo de satisfação aos grupos de elite que estão empenhados em conservar o país fora do comunismo e do controle soviético." Em obra posterior, o cientista político e major da Força Aérea Americana, John S. Pustay, lembra: "Os próprios programas destinados a promover o desenvolvimento socioeconômico (por exemplo, a Aliança para o Progresso) por si mesmos criaram tensões e deslocamentos à medida que o sistema de vida tradicional e autóctone é substituído por nova forma de viver estrangeira. Dessa forma, os militares devem ser mobilizados como apoio da polícia civil para assegurar estabilidade no período de convulsão social."[12] Sendo assim, os Estados Unidos, como potência líder, deveriam preocupar-se em criar estruturas supranacionais que assegurassem essa estabilidade, se não desejassem correr o risco de crescentes defecções na sua esfera de influência.

Enquanto essas estruturas supranacionais não tivessem êxito, os próprios Estados Unidos haveriam de arcar com a responsabilidade de garantir a estabilidade social interna de todos os países sob sua órbita. Numa de suas últimas intervenções nas Nações Unidas, Adlai Stevenson explicou: "Enquanto a comunidade internacional não estiver preparada para resgatar as vítimas da agressão clandestina, o poder nacional terá de preencher o vazio."

---

[12] John S. Pustay, *Counter-insurgency warfare*, Collier-Macmillan, Nova York, 1965, p. 8.

Para os Estados Unidos, o problema fundamental, na segunda metade do século XX, era o de sua "segurança": a forma de organização mundial que prevaleceria como decorrência da revolução tecnológica que os americanos pretendiam fosse compatível com a preservação do *american way of life* em seu território e com a defesa de seus crescentes interesses econômicos além de suas fronteiras. Para o Brasil, entretanto, o problema crucial era o do "desenvolvimento": abrir caminho de acesso aos frutos da revolução tecnológica em curso.

Foi quando o país se viu diante da necessidade ineludível de ter que introduzir profundas modificações no seu marco institucional. Essas mudanças teriam de orientar-se em quatro direções: *a*) evitar que a própria tecnologia viesse a provocar a concentração da renda e a deformar a aplicação dos recursos produtivos, aumentando o custo social do desenvolvimento; *b*) ampliar as dimensões reais e potenciais dos mercados por meio de esquemas de integração econômica na região; *c*) visar a influir na própria orientação do progresso tecnológico em função das exigências específicas da fase do processo de desenvolvimento e de modernização das estruturas sociais; *d*) modificar a organização agrária e empresarial, a fim de eliminar as formas antissociais do poder econômico.

Confrontemos os problemas da "segurança" dos Estados Unidos e os do desenvolvimento dos países subdesenvolvidos. Sendo a América Latina o círculo mais próximo da zona de influência dos Estados Unidos, é natural que a ação tutelar desse país aí se exerça de forma exemplar. Eis por que os problemas de política interna dos países da região, particularmente no setor econômico, interessam de forma crescente aos órgãos responsáveis pelas questões de segurança nos

Estados Unidos. Ora, dado que é tese pacífica que dificilmente a estabilidade social seria compatível com a estagnação econômica, é perfeitamente natural que se indague que tipo de desenvolvimento os norte-americanos preconizam para a região. Esse problema tem sido objeto de escassa discussão nos círculos governamentais de Washington, sendo a "ajuda econômica" tradicionalmente considerada pelo Congresso como simples complemento da "ajuda militar". Alguma atenção foi dedicada ao problema, mas de um ângulo mais operacional. Conforme observa o professor Edward Mason: "A Agência de Desenvolvimento Internacional (AID) vem tentando formular, para os principais países recebedores de ajuda, uma denominada 'Estratégia de Assistência a Longo Prazo', a qual detalha os interesses dos Estados Unidos no país em questão, nos setores econômico, político e de segurança, as condições em que tais objetivos podem ser alcançados e os instrumentos pertinentes da política exterior."[13] Mesmo que os objetivos de uma política global não tenham sido explicitados, pelo menos com respeito a um aspecto do problema existe uma doutrina perfeitamente firmada. Assim, cabe às empresas privadas norte-americanas um papel básico no desenvolvimento latino-americano, como principais intermediárias da política de "ajuda" dos Estados Unidos. Essa doutrina tem suas raízes na própria evolução estrutural do capitalismo americano, no qual o poder econômico tende a concentrar-se ao mesmo tempo que a estrutura da grande empresa se diversifica funcional e geograficamente.

---

[13] Edward S. Mason, *Foreign aid and foreign policy*, Harper & Row, Nova York, 1964, p. 48.

O relatório do Comitê Clay foi enfático sobre a conveniência de ligar a ação política às operações das grandes empresas. Além disso, nos anos posteriores, declarações tanto do Congresso como da Presidência demonstraram grande empenho em criar condições de garantias políticas e de incentivos econômicos para que essa coordenação fosse alcançada. Acordos de "garantia" foram assinados com governos latino-americanos, assegurando às empresas privadas norte-americanas que atuavam em determinado país privilégios idênticos aos que teriam ao operarem nos Estados Unidos. Por outro lado, medidas como a emenda Hikenlooper criaram uma supergarantia política para as empresas norte-americanas, ao colocar os governos locais sob permanente ameaça. Nas palavras de Mason: "Parece que o governo [dos Estados Unidos] já foi tão longe quanto pôde ir para promover os investimentos privados norte-americanos na América Latina sem recorrer ao subsídio direto."[14] Nesse contexto, quando se fala de empresa privada o que se tem em mente, implícita ou explicitamente, é a grande organização, pois os pequenos negócios dos Estados Unidos não possuem capacidade ou meios para atuar em países estrangeiros.

O primeiro problema que se apresenta, do ponto de vista da América Latina, e em particular do Brasil, é que tipo de organização política poderá ser compatível, nos países da região, com um sistema econômico tutelado por poderosas sociedades anônimas norte-americanas. Cabe lembrar que essas sociedades são poderosas burocracias privadas, que exercem funções públicas ou semipúblicas, cuja integração na socieda-

---

[14]Idem, ib., p. 90

de política dos Estados Unidos constitui, até o presente, um problema de solução indefinida. Andrew Hacker nos lembra: "Diferentemente das estruturas religiosas e corporativas de séculos anteriores, na grande firma de hoje não existe qualquer fundamento racional que vincule o poder, os objetivos e a responsabilidade."[15] Por essa razão, até o presente não se encontrou uma forma de integrar essas grandes organizações, cujas funções são cada vez mais de natureza pública, na estrutura de uma sociedade política pluralista. Por outro lado, os instrumentos convencionais de ação do poder público fazem-se cada vez mais ineficazes em face dessas grandes empresas, que controlam importantes setores da atividade econômica do país. O próprio Adolph Berle, maior autoridade nessa matéria, e que não nutre qualquer antipatia pelas grandes empresas, chama a nossa atenção para o fato de que a direção de uma grande sociedade anônima não deriva o seu poder de ninguém, senão dela mesma: "É uma oligarquia que automaticamente se autoperpetua."[16] O poder que as grandes empresas enfeixam, presentemente, não tem o menor título de legitimidade. Segundo nos informa o professor Berle, está tomando corpo nos Estados Unidos a doutrina de que "sempre que uma sociedade anônima tenha poder para afetar a vida de muitas pessoas [...], ela deve ser submetida às mesmas restrições constitucionais que se aplicam a uma agência do governo federal ou estadual".[17]

---

[15] Andrew Hacker, "Corporate America", introdução a *The corporation take-over*, Ayer Co. Pub., Nova York, 1964, p. 2.
[16] A. A. Berle, "Economic power and the free society", incluído em *The corporation take-over*, op. cit., p. 91.
[17] Idem, ib., p. 99.

Convocadas para atuar no Brasil com uma série de privilégios fora do controle da legislação antitruste dos Estados Unidos, e com a cobertura político-militar desse país, as grandes empresas norte-americanas tendem necessariamente a se transformar em um superpoder. Cabendo-lhe grande parte das decisões básicas com respeito à orientação dos investimentos, à localização das atividades econômicas, à orientação da tecnologia, ao financiamento da pesquisa e ao grau de integração das economias regionais, é perfeitamente claro que os centros de decisão representados pelo Estado nacional são relegados a um plano cada vez mais secundário.

Ora, independentemente das óbvias objeções que se podem formular cultural e politicamente a esse "projeto" de desenvolvimento, existem amplas razões que levam a crer que tal projeto, de um ponto de vista estritamente econômico, é inviável, por ser ineficaz. A grande empresa parece ser um instrumento tão inadequado para enfrentar os problemas do subdesenvolvimento quanto um poderoso exército motorizado se mostra ineficaz ao enfrentar uma guerra de guerrilhas. Com sua avançada tecnologia e elevada capitalização, as grandes empresas — ao penetrarem numa economia subdesenvolvida, particularmente quando apoiadas por muitos privilégios — provocam efeitos semelhantes aos de certas grandes árvores exóticas introduzidas em determinadas áreas: drenam toda a água e ressecam o terreno, provocando um desequilíbrio na flora e na fauna, com o surgimento de pragas e congêneres. Com efeito, a penetração indiscriminada em uma estrutura econômica frágil de grandes consórcios, caracterizados por elevada inflexibilidade administrativa e grande poder financeiro, tende a provocar desequilíbrios estruturais de difícil correção, tais como maiores disparidades de níveis de vida entre grupos de população e rápida acumulação de desemprego aberto e disfarçado. Por causa da reduzida capacidade de controle dos governos nacionais, as grandes empresas estrangeiras já atuam com mais liberdade do que seria de esperar; portanto, é possível que se acentue a concentração de atividades econômicas em certas subáreas, agravando disparidades de níveis de vida entre grupos sociais e áreas geográficas. O resultado no Brasil seria um aumento real ou potencial das tensões sociais. Como as decisões econômicas de caráter estratégico estariam fora do alcance do governo brasileiro, tais tensões tenderiam a ser vistas, no plano político local, tão somente por seu ângulo negativo. A ação do Estado assumiria caráter essencialmente repressivo.

O desenvolvimento econômico, nas condições adversas atuais, dificilmente se fará sem uma atitude participativa de grandes massas da população. Toda autêntica política de desenvolvimento retira a sua força de um conjunto de juízos de valor que amalgamam os ideais de uma coletividade. E se uma coletividade não dispõe de órgãos políticos capacitados para interpretar suas legítimas aspirações, não está aparelhada para empreender as tarefas do desenvolvimento. Toda medida que se venha a tomar, no sentido de enfraquecer os governos como centros políticos capazes de interpretar as aspirações nacionais e de aglutinar as populações em torno de ideais comuns, resultará na limitação das possibilidades de autêntico desenvolvimento na região.

2. CONCENTRAÇÃO DO PODER ECONÔMICO

A estrutura da economia norte-americana, em particular de seu setor manufatureiro, apresenta, há muito tempo, um elevado grau de concentração. Iniciado nos últimos decênios do século XIX, quando o mercado nacional alcançava a sua integração geográfica, o processo de concentração apresentou-se, desde o início, com duplo aspecto: controle progressivo, por parte de uma empresa, do mercado de um produto, ou de um grupo de produtos, e articulação, sob o comando de um grupo econômico, das várias fases de um processo produtivo, desde a obtenção da matéria-prima à manufatura do artigo de consumo final. São as modalidades clássicas da integração — horizontal e vertical — cujo estudo constitui o ponto de partida da teoria das chamadas formas imperfeitas de mercado.

Uma importante legislação surgiu nos Estados Unidos, desde o final do século XIX — o *Sherman Act* foi aprovado em 1890 —, objetivando evitar que a concentração do poder econômico fosse utilizada contra o interesse público, ou mesmo que viesse a concretizar-se. Não obstante essa legislação, a concentração continuou a se processar, havendo mesmo se acentuado nos decênios seguintes. Observada no começo do século XX, a tendência de uma empresa controlar totalmente um mercado não se manifestou, é verdade. As formas clássicas do poder monopolístico passaram para segundo plano. Tenderam a prevalecer as formas de organização oligopolística dos mercados compatíveis com a política de preços administrados, que convém às grandes empresas e permite a união de vários grupos num esforço conjunto para condicionar o comportamento do consumidor sem conflito com a legislação vigente. Apareceram ainda outras formas de concentração, que escapam aos esquemas tradicionais de controle judicial e correspondem melhor às exigências do capitalismo atual.

Qualquer que seja o critério adotado para medir o fenômeno, chega-se sempre à conclusão de que um número reduzido de grandes empresas, organizadas sob a forma de sociedades anônimas, tende a controlar uma fração crescente do poder de decisão na economia dos Estados Unidos. O melhor critério para medir o fenômeno da concentração é a importância relativa dos ativos líquidos das empresas, se bem que se obtenha resultado similar se for adotada como base de cálculo a importância do faturamento. Adotado o primeiro critério, constata-se que as cem maiores firmas ocupam uma posição de predomínio crescente na economia desse país — e a tendência parece ter se acentuado no período do pós-guerra. Com efeito, entre 1929 e 1947, a participação das maiores cem firmas no controle dos ativos líquidos, no setor manufatureiro, passou apenas de 44 para 46 por cento, ao passo que, entre 1947 e 1962, o incremento foi de 46 para 57 por cento.[18]

Esse processo de concentração, que parece mais acentuado, deve ser observado atentamente, se pretendemos compreender as transformações que estão ocorrendo na economia norte-americana e captar a natureza das relações de dependência que existem entre ela e as economias latino-americanas.

---

[18] Veja-se o abundante material estatístico apresentado pelas testemunhas diante do Subcomitê sobre Antitruste e Monopólio do Senado dos Estados Unidos, particularmente as sessões de julho a setembro de 1964. Os dados estatísticos incluídos neste livro, quando não indicada explicitamente a fonte, foram colhidos nesses testemunhos.

Entre os fatores que atuam no sentido de favorecer a concentração, tem papel relevante o tamanho crescente das fábricas (economias de escala), a dimensão dos mercados, a taxa de crescimento desses mercados e o número médio de fábricas que as empresas decidem operar.

A análise da estrutura atual da economia norte-americana evidencia que o grau de concentração varia muito de um mercado para outro. Para medi-lo, é corrente utilizar-se como base a participação em cada mercado das quatro maiores empresas. Definindo como mercado uma das mil e tantas classes dos principais produtos que saem da indústria manufatureira, o coeficiente de concentração varia de 3 por cento, na indústria de blocos de concreto e ladrilhos, a 99 por cento na de alumínio primário. O fato mais significativo é que não existe correlação positiva entre o grau de concentração e o aproveitamento das escalas de produção pelas empresas dominantes, isto é, as quatro maiores empresas que operam nos principais mercados.

Por outro lado, quando se observa no tempo o processo de concentração, constata-se que este é mais intenso nos mercados em que o crescimento vem sendo mais lento. Também se observa uma correlação negativa entre o tamanho relativo do mercado e o grau de concentração. Os dois fenômenos parecem estar relacionados, pois os mercados que crescem lentamente tendem a perder importância relativa no conjunto da economia. A concentração resulta mais do crescimento lento que do tamanho original do mercado.

3. A CONGLOMERAÇÃO

À medida que avançam os estudos empíricos do processo de concentração, torna-se mais evidente que as teorias convencionais das formas de mercado são de reduzida utilidade para explicar o funcionamento de uma economia capitalista de avançado grau de desenvolvimento. A preocupação direta de eliminar os concorrentes para obter lucros de monopólio só se manifesta em casos especiais. Tampouco existe base para afirmar que o imperativo tecnológico, fundamento das economias de escala de produção, seja o fator determinante da evolução estrutural do sistema econômico. Em outras palavras: os fatores tecnológicos e econômicos identificados na teoria convencional da empresa não respondem cabalmente pelo processo de concentração. É que esse processo, se bem que não haja abandonado os canais tradicionais, realiza-se hoje em dia principalmente pela via da diversificação ou da conglomeração.

Analisando a estrutura das grandes empresas verifica-se que elas tendem a atuar em um número crescente de setores, sem que exista necessariamente uma relação de tipo tecnológico ou econômico entre os mesmos. Assim, se consideramos as cem maiores sociedades anônimas, constatamos que elas aparecem entre as quatro maiores empresas de pelo menos a metade dos mercados de maior importância. Por exemplo: existem 81 classes de produtos químicos; em 90 por cento dos casos um de seus quatro maiores produtores pertence à família dos 100 grandes, e assim sucessivamente.

O surgimento e a rápida expansão dos conglomerados econômicos — firmas que controlam múltiplas atividades produtivas não relacionadas — constituem o traço dominante do atual processo de concentração nos Estados Unidos. Seu método corrente de crescimento é a absorção de outras firmas em operação.

Do ponto de vista da teoria econômica convencional, o conglomerado poderia parecer uma aberração, porquanto não se apoia nem nas economias de escala, nem nas conhecidas vantagens da integração vertical: redução de estoques, sincronização de fases complementares de um processo produtivo, etc. Não obstante, sua vitalidade é evidente, pois já constitui a forma predominante de organização da produção. Baseia-se em dois princípios: investir em múltiplos setores com um mínimo de inter-relação é reduzir o coeficiente de risco; na luta pelo controle de um mercado é mais importante dispor de poder financeiro do que de uma elevada participação nesse mercado.

O conglomerado surge, assim, como um fenômeno específico do capitalismo *pós-cíclico*. Eliminados os grandes ciclos de prosperidade e depressão, isto é, assegurada uma relativa estabilidade com um elevado nível de emprego, uma inversão que se distribua ao acaso entre um grande número de setores produtivos põe-se ao abrigo de riscos maiores. Em outras palavras: evitadas as depressões, as perdas ocasionais ocorridas em certos setores são compensadas por ganhos em outros. A experiência tem demonstrado que, salvo casos de desordem administrativa, não existe exemplo de grande empresa que não apresente lucros regulares. Por outro lado, uma aquisição de grande poder financeiro é invulnerável a pressões exercidas num mercado em que ela tem aplicada uma pequena fração de seus recursos. Devido a um poder, o conglomerado pode controlar um mercado no qual ocupe posição aparentemente secundária, pois sempre poderá esgrimir a ameaça de que ampliará a sua participação. Atuando simultaneamente em muitos mercados e armado de grande poder financeiro, ele dispõe de excepcional capacidade de manobra, podendo sempre escolher a frente em que lhe convém tomar a iniciativa. Na confrontação com outros conglomerados, sua capacidade estratégica é, evidentemente, muito superior à de uma firma especializada.

Os estudos empíricos dos processos de conglomeração evidenciam que, em geral, as firmas absorvidas estão longe de ser empresas em declínio. Os conglomerados em expansão buscam absorver empresas em rápido crescimento ou que atuem em mercados cujas potencialidades são reconhecidas. Esses mesmos estudos revelam que as companhias que se lançam pela via da conglomeração apresentam uma dupla característica: *a*) declínio em sua taxa de crescimento; *b*) tendência para a acumulação de recursos líquidos. Ao encontrar dificuldades para continuar a crescer no seu setor, o que vem sempre acompanhado de elevação do coeficiente de liquidez, a empresa busca a diversificação, sendo o caminho mais fácil a aquisição de outras empresas já estruturadas e com posição firmada em outros mercados. É evidente que também existe a diversificação que resulta da utilização de subprodutos ou de rumos inesperados abertos pela pesquisa tecnológica a cujos resultados tem acesso a empresa. Essa diversificação por crescimento endógeno é amplamente superada pela conglomeração típica, resultante da absorção de outras organizações.

Assinalamos que a conglomeração é fenômeno do capitalismo *pós-cíclico*. Também seria apropriado qualificá-la de manifestação da época do consumo dirigido. À medida que a comercialização vai sendo uma forma de ação mais ou menos articulada de certos produtores para forçar o consumidor a diversificar permanentemente as suas compras e mantê-las em elevado nível, o ciclo vital de cada produto vai se reduzindo. Daí que a vida econômica de cada linha de produção e, até certo ponto, de grande número de indústrias, tenda a estreitar-se. Tanto a obsolescência rápida dos processos técnicos como a substituição acelerada dos artigos que chegam às mãos dos consumidores influem no sentido em que favorecem as empresas que operam em maior número de frentes produtivas. Seu ciclo vital se parece cada vez menos com o de um produto ou de um ramo de indústria, assemelhando-se ao do conjunto da atividade manufatureira.

No que diz respeito à organização produtiva nas economias capitalistas, as considerações que acabamos de fazer evidenciam a necessidade de reconstrução do marco teórico no qual nos habituamos a trabalhar. A empresa típica de Marshall, entidade responsável pela organização da produção, que busca o seu equilíbrio em determinado mercado através da maximização da taxa de lucro, com uma estrutura formada pelos preços relativos dos fatores estabelecidos nos mercados e pelo domínio de uma técnica, tende a desaparecer como categoria analítica. O conglomerado é essencialmente um amálgama de capacidade gerencial-administrativa e controle de uma massa crítica de recursos financeiros. Em uma economia de preços administrados, na qual a taxa de lucro tende a flutuar em torno de valores implícitos na própria programação da empresa, o problema central tende a ser a busca de aplicação remuneradora para o fluxo de novos recursos sob seu controle. Diferentemente da empresa marshalliana, instrumento destinado a remunerar certo montante de capital, o conglomerado é essencialmente um mecanismo destinado a encontrar aplicação para um fluxo de recursos que ele mesmo cria de forma permanente. Existe evidência empírica de que as empresas que buscam a conglomeração são exatamente aquelas cujo coeficiente de liquidez tende a superar os limites considerados razoáveis.

Em síntese, o controle de um fluxo crescente de recursos líquidos e a possibilidade de condicionar o comportamento do consumidor mediante a propaganda, no quadro de uma economia de preços administrados, abrem caminho à concentração do poder econômico pela conglomeração. O conglomerado é essencialmente um centro de decisões de base gerencial-financeira. Se o consumo da coletividade cresce principalmente pela diversificação, e o progresso tecnológico exige que os processos produtivos se inovem com crescente rapidez, é natural que a empresa tenda a diversificar-se, se pretende manter ou aumentar sua participação no sistema de produção. Dessa forma, a firma especializada e o mercado de capitais tendem a ocupar posições secundárias nas economias capitalistas, ao mesmo tempo que se ampliam as possibilidades de concentração do poder econômico.

4. OS CONGLOMERADOS GEOGRÁFICOS

O fenômeno da conglomeração apresenta-se tanto na forma de diferenciação funcional como de dispersão geográfica — ou nas duas formas combinadas. A empresa que atua em distintos espaços econômicos adquire em cada um deles, relativamente aos competidores locais, vantagens semelhantes às do conglomerado funcional que opera em mercados não relacionados num determinado espaço econômico. Nos dois casos a força principal do conglomerado deriva de seu poder financeiro e da dispersão de seus recursos. As vantagens da dispersão geográfica são particularmente grandes, pois a experiência obtida em certa linha de produção em uma determinada área pode ser utilizada em outras, aumentando consideravelmente a experiência das inversões em "pesquisa e desenvolvimento". A união das duas formas de conglomeração amplia consideravelmente as possibilidades de concentração do poder econômico. Com efeito, a grande unidade multifuncional e multinacional constitui a forma superior de organização da economia capitalista.

A expansão do capital norte-americano no Brasil, e em países da América Latina em geral, assume a forma, praticamente exclusiva, de penetração dos grandes conglomerados. A estrutura dessas organizações e a concentração do poder econômico que com elas se implanta apenas começam a ser objeto de estudo sistemático. Contudo, as análises existentes indicam que a expansão dos grandes conglomerados é pelo menos tão grande na América Latina quanto nos Estados Unidos. Com efeito, o grau de concentração do setor da economia latino-americana formado pelas filiais de empresas norte-americanas é maior que o observado nos Estados Unidos. Enquanto neste país, em 1962, as mil maiores empresas manufatureiras controlavam três quartas partes das vendas totais, na América Latina, já em 1950, trezentas filiais de empresas norte-americanas respondiam por 90 por cento das inversões realizadas na região.[19] Há certa evidência de que as empresas estrangeiras — na sua grande maioria conglomerados norte-americanos — controlam de 50 a 75 por cento das indústrias dinâmicas, isto é, daquelas que lideram o processo de desenvolvimento na América Latina. Nos países da região que estão crescendo elas se expandem a taxas muito superiores às do setor manufatureiro. Mas mesmo nos países em relativa estagnação econômica, as referidas indústrias encontram condições para expandir-se.

Cabe, portanto, reconhecer que os conglomerados norte-americanos estão presentemente integrados nas economias nacionais latino-americanas, onde são o setor em mais rápida expansão. Sendo assim, até que ponto é adequado utilizar o conceito de sistema econômico nacional na análise de tais economias? Tendo em conta que os conglomerados definem a sua estratégia (um com respeito aos demais e cada um com respeito aos competidores locais) numa perspectiva de conjunto e em função de um projeto de crescimento próprio, será difícil conciliar essa realidade com a ideia de sistema econômico nacional, que supõe uma unificação das decisões em função de interesses específicos de uma coletividade.

A penetração dos conglomerados norte-americanos nas indústrias manufatureiras da América Latina é fenômeno posterior à grande depressão dos anos 1930. É a partir da Segunda Guerra Mundial que essa penetração atinge grande intensidade, particularmente naqueles países, como o Brasil, que já haviam passado por uma primeira fase de desenvolvimento

---

[19]Os dados relativos à América Latina são de *El financiamiento externo de America Latina*, Nações Unidas, 1964, p. 238.

industrial. Como a penetração se fez por toda parte, independentemente do grau de desenvolvimento industrial já alcançado, interrompeu-se, de maneira geral, a formação de uma classe de empresários de nítido sentido nacional. Não que esses empresários hajam desaparecido. Mas foram progressivamente impedidos de formar-se com uma visão de conjunto do desenvolvimento industrial do país e privados do acesso aos setores de vanguarda. Das fortes posições financeiras que ocupam, os conglomerados estenderam rapidamente o seu controle sobre os setores manufatureiros mais dinâmicos. Por outro lado, os homens mais capazes surgidos nas indústrias locais puderam ser recrutados para integrar a nova classe gerencial a serviço dos conglomerados. A ação empresarial nacional ficou restrita a setores secundários ou decadentes, ao trabalho pioneiro — isto é, à abertura de novas frentes a serem mais adiante ocupadas pelas grandes organizações estrangeiras — e às atividades subordinadas de subcontratação.

Se admitirmos que as estruturas econômicas latino-americanas estão profundamente penetradas por outra estrutura multinacional de conglomerados, cujos centros hegemônicos se encontram, via de regra, nos Estados Unidos, cabe inferir que um duplo processo de integração se realiza atualmente: integração na região das filiais dos conglomerados e integração do conjunto da região com a economia norte-americana. Tal processo é mais a estruturação de um sistema de decisões, derivado das novas formas de concentração do poder econômico, do que a formação de um espaço econômico visando a permitir a utilização mais racional dos recursos produtivos.

À luz dessas considerações, parece ocioso inquirir se existe nos países latino-americanos uma classe industrial com maturidade e sentido de identidade nacional capaz de encabeçar o processo de desenvolvimento dos respectivos países. O estudo das estruturas atuais demonstra que tal classe, mesmo onde chegou a desenvolver-se em uma primeira fase, já não poderia prosseguir seu processo de maturação. À medida que a estrutura de decisões formadas pelos conglomerados foi se inserindo na economia nacional, tornou-se cada vez mais difícil para o empresário local captar o comportamento do conjunto do sistema.

A redução da classe de empresários nacionais a um papel de dependência interrompeu na América Latina o processo de desenvolvimento autônomo de tipo capitalista, que chegara apenas a esboçar-se. No decorrer do último meio século, sempre que o desenvolvimento latino-americano teve de apoiar-se na industrialização refletiu a estratégia da superestrutura de conglomerados, o que implicou crescente dependência externa, ou a ação autônoma do Estado nacional. As empresas autenticamente nacionais e privadas, com raras exceções, tiveram um comportamento reflexo, cumprindo tarefas auxiliares ou confinando-se em setores estagnados. As companhias nacionais com atuação em setores estratégicos são quase sempre estatais. Enfraquecer o Estado como centro de decisões independente dos conglomerados internacionais não significa, na América Latina, fortalecer a iniciativa privada; significa, sim, renunciar à formação de um sistema econômico nacional, isto é, um sistema de produção articulado em função dos interesses da coletividade nacional.

5. TENDÊNCIAS DA ECONOMIA INTERNACIONAL

Um dos problemas que se apresentam ao estudioso da economia internacional contemporânea é o da incerteza com respeito à definição de suas linhas evolutivas básicas. Presenciamos mutações significativas nas estruturas dessa economia sem que, contudo, possamos identificar com segurança os traços essenciais de um novo sistema que imaginamos irá prevalecer em futuro não muito distante. Para orientar-nos, tanto como estudiosos de processos econômicos específicos, como na qualidade de agentes com pretensões a agir diretamente sobre a realidade, necessitamos de hipóteses explicativas do comportamento atual e das tendências a mais longo prazo da economia internacional. É natural que a situação presente conduza à perplexidade. Que forma básica apresentará a economia internacional nos próximos anos? Estará ela estruturada principalmente em torno de um ou de vários centros ordenadores? Os critérios valorativos subjacentes a essa ordenação serão definidos a partir de conjuntos nacionais ou multinacionais? Caso os grupos operativos de maior relevância venham a ser os multinacionais, que critérios serão utilizados para agregar ou desagregar interesses nacionais? Enfim, impõe-se toda uma temática cujos pontos essenciais são: *a*) quem define os critérios de valor, sem os quais não é possível estabelecer esquemas de racionalidade formal?; *b*) quem ordena a coação, sem a qual não é possível assegurar a eficácia operativa de um sistema social?

A perplexidade diante da futura fisionomia da economia internacional é fenômeno recente. Até meados do século XX, admitia-se, sem discutir explicitamente o problema, a prevalência de um sistema de poder mundial que, desde o fim da última guerra, se vinha organizando sob a hegemonia dos Estados Unidos.

Três ordens de fatores iam contribuindo para que um sistema econômico internacional de novo tipo se estruturasse, proporcionando-lhe coerência e estabilidade. Em primeiro lugar estavam os fatores de ordem política. Sendo inconcebível um sistema de segurança que não tivesse como último elemento de apoio o poder militar dos Estados Unidos, parecia evidente que uma superestrutura política mundial não só já existia, mas tendia a consolidar-se em função do avanço cada vez maior desse poder. Em segundo lugar, estavam os fatores ligados à posição da economia americana no mundo: o potencial de recursos naturais do país, o controle exercido por suas empresas sobre fontes de matérias-primas fora do território dos Estados Unidos, a enorme acumulação de capital já alcançada, a vantagem relativa adicional obtida durante a última guerra, a massa de recursos que o governo passou a dedicar ao avanço da tecnologia militar com benefícios indiretos de várias ordens para a economia, o volume crescente das inversões no estrangeiro; enfim, abundavam as indicações de que a economia norte-americana ocupava uma situação *sui generis* no quadro da economia mundial.

A partir desse subconjunto de enorme importância relativa e do considerável avanço em termos de capitalização e progresso tecnológico, parecia natural a emergência de um sistema econômico internacional capaz de proporcionar unidade de direção à economia mundial. Por último, estavam os fatores decorrentes do sistema monetário internacional que se apoiava nas instituições de Bretton Woods. As circunstâncias particulares do pós-guerra — que fizeram dos Estados Unidos, por cerca de um decênio, único país com uma oferta elástica no plano internacional, única fonte de bens de capital e único centro capaz de conceder financiamento de médio e longo prazos — permitiram que as instituições de Bretton Woods se consolidassem e transformassem o dólar no instrumento de acumulação de uma liquidez que tendia a crescer com o volume das transações internacionais. Dessa forma, os Estados Unidos adquiriram o privilégio de emitir moeda de curso internacional, isto é, de imprimir um papel-moeda que, por ter a garantia do governo norte-americano, possuía poder liberatório em todos os países do mundo.

O sistema econômico mundial que surgiu sob a hegemonia norte-americana é essencialmente distinto daquele que se formara no século XIX sob a preeminência britânica. Neste último caso, tratava-se, basicamente, de um sistema de *divisão internacional do trabalho*, que exigiu a abertura crescente da economia inglesa. A relação entre as importações e o produto nacional da Grã-Bretanha subiu de 8 por cento para 30 por cento durante o século que antecedeu a Primeira Guerra Mundial. A Inglaterra especializava-se na produção manufatureira, na qual se concentrava o rápido avanço tecnológico da época, e abria as suas portas à produção estrangeira baseada na abundância de recursos naturais e de mão de obra. O sistema econômico assim formado se apresentava como uma articulação de subsistemas econômicos nacionais, que existiam mesmo no quadro de um estatuto colonial.

Esse novo sistema resultaria da projeção internacional de um conjunto de grandes empresas norte-americanas. Dessa forma, a economia dos Estados Unidos propriamente dita não viria a apresentar modificações estruturais mais significativas. A participação das importações (e das exportações) no produto nacional permaneceu estacionária. Como as empresas que tenderam a projetar-se em escala mundial estão estruturadas em oligopólios na economia norte-americana, um sistema similar de decisões teria que se reproduzir em escala multinacional. Assim, diferentemente da antiga economia mundial, baseada em um *mercado internacional* de produtos, a nova começou a definir-se como um sistema de decisões de âmbito multinacional, cuja coerência deriva de critérios valorativos estabelecidos a partir da realidade interna da economia norte-americana. Ao conservar uma margem grande de autonomia face ao resto do mundo, ele estaria em condições privilegiadas para exercer o papel de centro estabilizador e orientador da economia mundial.

O traço mais significativo dessa evolução manifesta-se no papel estratégico assumido pelo Estado como instrumento estabilizador das economias nacionais. O uso de políticas monetária e fiscal para proporcionar estabilidade aos sistemas econômicos nacionais, em nível relativamente elevado de emprego da força de trabalho, abriu nova fase evolutiva ao capitalismo, cujo alcance ainda não pôde ser percebido em toda sua complexidade. O que já se vê com clareza é que, nesse capitalismo *pós-cíclico*, não somente as funções econômicas do Estado, mas também a natureza da empresa como centro de decisões e o processo de concentração do poder econômico tendem a passar por profundas alterações. A estabilidade dos sistemas econômicos favoreceu a tendência já manifestada anteriormente de abandono dos preços flexíveis, reforçando a prática dos preços administrados, o que beneficiaria as empresas que estão em condições de planejar a longo prazo, isto é, que dispõem de maior poder financeiro.

Limitaremos nossa análise a aspectos da evolução recente das estruturas capitalistas de maior relevância para a compreensão das novas formas que vem apresentando a economia internacional. Em primeiro lugar, cabe assinalar a nova orientação do processo de concentração do poder econômico, a que fizemos referência. Na economia de preços administrados, cujo dinamismo deriva da introdução de novos produtos e da possibilidade de condicionar o comportamento do consumidor, a forma tradicional de integração horizontal perdeu grande parte de seu interesse. Por outro lado, quando o nível da demanda global tende a apresentar uma taxa de crescimento estável, são as flutuações setoriais, isto é, as modificações na composição dessa demanda, o elemento perturbador do nível de atividade da empresa. Em outras palavras: mesmo que a demanda global se expanda regularmente, a demanda de certos produtos estará em declínio absoluto ou relativo, em benefício de outros. Sendo assim, quanto maior o número de mercados em que uma empresa atue, maior será sua probabilidade de abrigar-se contra movimentos adversos da demanda. Desse ponto de vista, criar galinhas e simultaneamente produzir helicópteros é mais racional do que especializar-se em helicópteros ou na criação de galinhas. Abriram-se, dessa forma, novas avenidas à concentração do poder econômico e as empresas passaram a crescer pela diversificação de suas atividades, tanto no plano funcional como no geográfico.

O segundo aspecto significativo diz respeito ao avanço das técnicas de informação, que está permitindo revolucionar os métodos de direção e controle. À medida que vai sendo possível manipular massas maiores de informações por unidade de tempo — o que se obtém graças a computadores de capacidade cada vez maior —, a eficácia do poder decisório aumenta, diversificando o leque de temas tratados, ampliando as áreas de ação e alargando o horizonte temporal. A teoria da informação e os recursos da cibernética, apoiados no avanço da eletrônica, deram mais eficácia aos centros de decisão, ampliando enormemente a concentração do poder econômico. Sem as novas técnicas de decisão, o processo de conglomeração, tanto no plano funcional como no geográfico, tenderia rapidamente a apresentar rendimentos decrescentes. Com efeito, o aumento da heterogeneidade da empresa produz uma complexidade crescente dos problemas de direção. No caso de um conglomerado geográfico e funcional, são consideráveis as circunstâncias a se levar em conta na tomada de decisões para cada subconjunto; ademais, o horizonte temporal abarcado por essas decisões também varia entre áreas e setores. Daí se depreende facilmente o grau de complexidade que pode alcançar esse processo.

A possibilidade quase ilimitada de diversificar-se funcional e geograficamente, guardando-se a eficácia econômica, é a razão de ser da empresa-gigante. Uma das mudanças mais visíveis é o comportamento das grandes organizações, que se transformaram no principal instrumento de formação e aplicação do potencial de investimento da coletividade. A tarefa básica da direção da grande empresa passa a ser a definição de uma estratégia de inversão de sua enorme e crescente massa de recursos. Quanto mais diversificada a experiência da empresa em setores funcionais e áreas geográficas, mais amplos são os horizontes que se lhe abrem. Estar presente em distintas áreas é maximizar as oportunidades de investimento. A curto prazo, a grande empresa pode intensificar os investimentos nas economias que apresentam possibilidades imediatas, mediante a mobilização de recursos financeiros retirados de outras áreas. A prazo mais longo ela se beneficia do fato de que planeja num horizonte temporal mais amplo e dispõe de grande poder financeiro. Por último, como está ao abrigo das circunstâncias que afetam cada economia nacional, a grande empresa pode crescer mesmo nas economias em declínio, mediante a aquisição de empresas locais. Assim, a estagnação econômica em certos países da América Latina coincidiu com uma grande expansão das firmas norte-americanas que ali atuam.

As observações feitas nos parágrafos anteriores evidenciam que a expansão internacional das empresas norte-americanas é fenômeno diretamente ligado à evolução estrutural dessas organizações, ou melhor, às novas formas assumidas pela concentração do poder econômico. Os dois processos — a conglomeração funcional e a expansão extraterritorial — se estão cumprindo paralelamente, aspectos interdependentes que são da evolução estrutural contemporânea da economia dos Estados Unidos. Se bem que o comércio exterior continue a absorver uma fração relativamente pequena da economia do país, os investimentos no estrangeiro passam a representar um papel cada vez maior na atividade dessas empresas. Esses investimentos, concentrados no petróleo e na indústria manufatureira, são controlados por pequeno número de grandes empresas. Já em 1957, ano em que foi realizado um censo das empresas norte-americanas no estrangeiro, 45 delas controlavam 75 por cento do total dos investimentos diretos. Com efcito, nesse ano os investimentos do setor manufatureiro dos Estados Unidos feitos no estrangeiro correspondiam a 8,1 por cento daqueles feitos em território americano. Em 1965, essa porcentagem havia subido para 17,3. Outro índice expressivo da evolução da estrutura econômica do país é o das vendas das empresas manufatureiras norte-americanas situadas no estrangeiro. Em 1955, essas vendas correspondiam, aproximadamente, a dez por cento do montante das vendas das manufaturas norte-americanas no território nacional. Em 1964, já alcançavam 17 por cento. Durante esse decênio, as vendas das empresas (ou filiais) situadas no estrangeiro aumentaram 170 por cento, ao passo que o acréscimo no território americano foi de 50 por cento. É interessante observar que as exportações de manufaturas norte-americanas aumentaram, no mesmo período, 60 por cento, o que demonstra que o novo sistema econômico internacional é muito menos um fenômeno de *comércio internacional* que de controle de decisões econômicas numa área multinacional.

6. A OPÇÃO POLICENTRISTA

Desde o começo dos anos 1960, tornou-se evidente que a evolução da economia internacional se faria por caminhos mais complexos do que se havia suposto no imediato pós-guerra. O modelo de economia mundial estruturada em torno do grande núcleo em expansão da economia americana — do qual se irradiaria o progresso tecnológico e um importante fluxo financeiro, fatores que induziriam a modernização dos segmentos periféricos — parece cada vez mais afastado da realidade. As causas dessa profunda reversão de tendências são múltiplas e é provável que muitas delas continuem, ainda por longo tempo, a escapar à perspicácia dos analistas. Contudo, certos aspectos importantes do problema podem ser captados. Seguindo o esquema já anteriormente utilizado, destacaremos de início fatores de ordem política e em seguida outros de ordem econômica.

No plano político cabe assinalar que o sistema mundial de poder que se estrutura sob a hegemonia americana sofreu importante alteração nos últimos decênios. A tutela militar exercida pelos Estados Unidos em praticamente o mundo todo refletia, evidentemente, uma situação complexa. Seria, contudo, inexplicável sem a posição estratégica privilegiada de que se beneficiava esse país, resultado muito menos do monopólio do poder atômico — desaparecido desde 1948 — que da invulnerabilidade de seu território a qualquer ataque exterior maciço. Essa invulnerabilidade proporcionava a Washington um poder de manobra, em relação a aliados e adversários, similar ao que o poder naval proporcionara à Inglaterra no século XIX. Mais ainda: o privilégio da posição americana tinha, como contrapartida, um enfraquecimento das nações da Europa ocidental, porquanto a União Soviética procurava compensar a inferioridade de sua posição estratégica reforçando o seu poder convencional na Europa. Nas palavras de um analista francês, o poder americano maior fazia a Europa ocidental refém da União Soviética.[20] Essa situação foi funda-

---

[20] Cf. Alain Joxe, "Hacia una nueva concepción de la seguridad europea", in *Estudios Internacionales*, Instituto de Estudos Internacionais da Universidade do Chile, Santiago, nº 1.

mentalmente modificada pela evolução da técnica dos mísseis, colocando o território dos Estados Unidos em situação similar à de outro território qualquer.

A repercussão política dessa evolução da técnica militar foi considerável: por um lado, a probabilidade de guerra mundial rapidamente diminuiu, por outro, desapareceu a interdependência estreita, que existia anteriormente, entre a segurança da Europa ocidental e a dos Estados Unidos. Desaparecida a antiga posição privilegiada deste país, já não interessava à União Soviética manter a Europa ocidental como refém, o que lhe permitia reduzir substancialmente os gastos em armamentos convencionais. Por outro lado, já não interessava aos Estados Unidos dar à Europa ocidental uma cobertura atômica total e incondicional, pois o território americano só poderia ser preservado de destruição se fosse adotada uma estratégia mais flexível em outras áreas. Dessa forma, os países da Europa ocidental aliados dos Estados Unidos tiveram de aceitar — embora sem o explicitar — o princípio de que a defesa dos seus territórios se enquadraria nas chamadas guerras limitadas.[21] Era um preço muito alto a pagar. A alternativa seria a neutralidade ou, o que não estava ao alcance de muitos, criar um sistema próprio de defesa, como fez a França. Criaram-se, em consequência, novas condições que levariam a um afrouxamento da tensão militar na Europa, abrindo caminho para a intensificação das relações econômicas e culturais entre o leste e o oeste do continente. Em síntese: a hegemonia americana tendeu a perder

---

[21]A nova estratégia, adotada para fins operacionais desde 1959, só foi oficializada pela OTAN após a saída da França desse organismo, em 1966.

substância no plano político como consequência da evolução da tecnologia militar.

Mais uma mudança qualitativa se esboçou desde o último decênio do século XX, com o desmantelamento político da União Soviética. Abre-se um novo processo de ajustamento cujo alcance começa a definir-se agora, no primeiro decênio deste século.

As causas do declínio da posição econômica dos Estados Unidos são evidentemente complexas. Se bem não exista base para diagnosticar o conjunto do problema, a conjunção de certos fatores induz a pensar que as tendências atuais continuarão a prevalecer durante um lapso de tempo impossível de prever, mas que seguramente será significativo. Caberia indagar se é possível falar de uma mudança estrutural na economia mundial, como a que acompanhou o declínio da posição econômica da Grã-Bretanha em fins do século XIX.[22] Trata-se de um terreno no qual não se pode avançar com segurança, devido à falta de estudos sobre a matéria suficientemente detalhados e objetivos. Contudo, algumas hipóteses podem ser formuladas sem maiores riscos de extravio da realidade. A enorme vantagem relativa que obtiveram os Estados Unidos, desde o século XIX, na economia mundial, deveu-se, em boa medida, à conjunção de dois fatores: uma constelação privilegiada de recursos naturais e um espaço econômico

---

[22] Alguns aspectos básicos desse problema são analisados por John K. Galbraith, em "The balance of payments: a political and administrative view", por Irving B. Kravis em "The U.S. trade position and the Common Market", e por Hans O. Schmitt em "Political conditions for international currency reform", ensaios reproduzidos em *America's role in the world economy* (org. por Douglas F. Dowd), D. C. Heath, Boston, 1966.

que se expandiu até encontrar dimensões continentais. Graças a esses dois fatores, o progresso tecnológico pôde realizar-se, nos Estados Unidos, em frente muito mais ampla do que em qualquer outra parte. Progresso tecnológico tanto em relação aos processos produtivos como ao que se refere à organização e direção da atividade econômica. Assim, a abundância de terras permitiu aos Estados Unidos avançar precocemente na mecanização agrícola, o que possibilitou que a produtividade e os salários no setor agrário aumentassem desde cedo, permitindo a criação de um mercado contínuo rural-urbano e facilitando a unificação do espaço econômico nacional. Por outro lado, a abundância de recursos minerais permitiu que se criasse um sistema industrial com um grau excepcional de integração, no qual as economias externas dinâmicas puderam ser maximizadas em escala não conhecida em outras partes. A rápida expansão do espaço econômico, por sua vez, orientou a tecnologia no sentido de proporcionar economias de escala de produção, dando origem à formação precoce de grandes unidades produtivas, que permitiriam acumular ampla experiência empírica nas técnicas de organização e direção de grandes conjuntos econômicos. Levando a simplificação ao extremo, poder-se-ia dizer que a economia americana se singularizou pela riqueza de sua base de recursos naturais, pelo seu elevado grau de integração e pela preeminência das grandes empresas. Graças a estas últimas, as decisões econômicas puderam ser coordenadas no quadro de uma economia de mercado, em um espaço continental.

 Até que ponto as vantagens indicadas continuavam a favorecer a economia americana no quadro do desenvolvimento da economia mundial? Exemplo significativo é o da produção de petróleo, que, não obstante sua baixa produtividade, continua a expandir-se. É sabido que as companhias americanas, que controlam grande parte da produção de petróleo fora dos Estados Unidos, compensam parcialmente essa desvantagem mantendo o preço em nível elevado no mercado mundial. Contudo, a produção não controlada pelos americanos vem aumentando rapidamente. A produção de petróleo nos Estados Unidos declinou substancialmente, em termos relativos: em 1946 representava dois terços da produção mundial, em 1955 a metade e em 1966 a quarta parte. Entretanto, ainda é considerável e, à medida que for mantida em altos níveis, principalmente por considerações de segurança ou de interesses de algumas empresas, tenderá a elevar os custos reais da atividade econômica nos Estados Unidos em relação a países que tenham acesso a uma produção de custos mais baixos e não controlada por empresas norte-americanas. O mesmo raciocínio pode ser feito em relação ao cobre e a vários outros produtos básicos.[23]

Consideremos o problema da dimensão do espaço econômico. Vantagens de concentração do poder econômico derivam menos das economias de escala obtidas diretamente nos

---

[23] A agressiva política norte-americana de controle de fontes de matérias-primas em todo o mundo, geralmente apresentada como remanescência do imperialismo vitoriano, também pode explicar-se como um esforço para continuar a explorar intensivamente as fontes internas (preservando o elevado grau de integração de seu sistema econômico) e evitar que países concorrentes se beneficiem da aquisição de matérias-primas de custos mais baixos, produzidas fora do país. O controle — por firmas norte-americanas — da produção realizada fora dos Estados Unidos, no quadro de um mercado oligopolístico, permite conciliar um nível de produção interna com preços aproximadamente homogêneos fora e dentro do país.

processos produtivos, e mais da possibilidade de poder explorar simultaneamente em vários mercados uma vantagem inicial, o que somente é viável com base num grande poder financeiro. Como a concorrência moderna se fez à base de produtos novos, ou apresentados de forma nova, a atividade econômica está orientada para a inovação e o ciclo vital de cada inovação tende a reduzir-se no tempo. Dessa forma, as empresas procuram explorar a fundo e o mais rapidamente possível cada inovação, o que só é viável se elas possuem um elevado grau de diversificação, tanto funcional como geográfico. Existe evidência estatística de que o crescimento das grandes empresas se realiza muito mais pelo aumento do número de fábricas que elas operam do que pelo crescimento do tamanho médio da fábrica. Evidentemente, a insuficiente dimensão de um mercado, como ocorre muitas vezes nos países subdesenvolvidos, pode impossibilitar a instalação de uma unidade produtiva de tamanho ótimo, ou obrigar a subutilizar a sua capacidade.

Esse problema, entretanto, não se apresenta nos países industrializados de tamanho médio e grande. Uma das principais vantagens da concentração está em poder explorar um novo processo ou produto em uma ampla frente industrial e comercial. Ora, esse tipo de vantagem não permite a nenhum sistema econômico consolidar-se em uma situação privilegiada. As economias de escala de produção baseadas na indivisibilidade de processos ou no aumento das dimensões de unidades produtivas constituíram uma característica do desenvolvimento que se encerrou com a última guerra para os países que haviam alcançado em fase anterior a maturidade industrial. A concentração é, presentemente, a via de acesso ao poder financeiro, que permite maximizar as vantagens da ação diversificada e do planejamento a mais longo prazo.

Um aspecto importante desse problema é o da relação entre a concentração do poder econômico e os investimentos em "pesquisa e desenvolvimento". Esse assunto tem sido considerado de forma mais ou menos fantasista por advogados incondicionais da concentração do poder econômico. A opinião mais generalizada entre os estudiosos da matéria, nos Estados Unidos, é de que a grande empresa é extremamente eficaz no *aproveitamento* de novas ideias, não se podendo, entretanto, dizer o mesmo com respeito à *criação* de novas ideias. Observou-se, por exemplo, que dos 25 novos produtos e processos introduzidos na economia norte-americana pela Du Pont, 15 foram o resultado de trabalhos feitos fora da companhia por indivíduos ou pequenas empresas. O exemplo mais correntemente citado do conservadorismo das grandes empresas é o da indústria siderúrgica americana, que teria, no pós-guerra, investido cerca de 40 bilhões de dólares em tecnologia obsoleta, seja por incapacidade de inovar, seja por inaptidão para acompanhar o desenvolvimento tecnológico fora dos Estados Unidos. Os dados de investimento em "pesquisa e desenvolvimento", que geralmente são utilizados para demonstrar o enorme avanço relativo da economia norte-americana nesse setor, refletem em grande medida a contribuição governamental, que se concentra na tecnologia militar e espacial ou em indústrias intimamente ligadas a elas, como a eletrônica. Evidentemente, o avanço nesses setores — é o caso dos computadores — pode ter grande significação para o conjunto das indústrias. Contudo, as generalizações sobre essa matéria podem levar a conclusões fantasistas. Em 1960, enquanto a "pesquisa e desenvolvimento" relacionada com foguetes e aviões (financiada pelo governo) alcançou 5,5 bilhões de dólares, no conjunto da indústria química foram aplicados 780 milhões e no conjunto da indústria de máquinas 743 milhões. Analisando a orientação dos investimentos realizados pelas indústrias em "pesquisa e desenvolvimento", um especialista norte-americano nos apresenta o seguinte quadro: 1 por cento do total é dedicado à "pesquisa básica", isto é, ao desenvolvimento efetivo da ciência; 3 por cento são utilizados em "pesquisa aplicada", que consiste em identificar as aplicações ou usos do desenvolvimento da própria ciência; 26 por cento são encaminhados para a pesquisa tecnológica, que se havia em desenvolver, avaliar e testar produtos e processos cujas possibilidades são previstas pela fase anterior; finalmente, 70 por cento vão para o que se chama "desenvolvimento", que consiste principalmente em introduzir modificações e buscar novas aplicações relacionadas com o que já se conhece.

Dessa forma, a indústria está essencialmente orientada para investir em "desenvolvimento" e muito subsidiariamente em pesquisa. Esses enormes gastos em "desenvolvimento" constituem uma característica da indústria para a qual a concorrência é essencialmente um problema de *inovação* de produtos. Assim, a modificação de um modelo de automóvel pode requerer gastos consideráveis em "desenvolvimento", sem que isso traga qualquer aumento de produtividade à indústria automobilística. Numa economia em expansão e se tratando de uma indústria oligopolística que trabalhe com preços administrados, os custos mais altos serão absorvidos pelos consumidores. Contudo, o poder concorrencial dessa indústria nos mercados externos tenderá a diminuir.

Em síntese, os vultosos gastos de "pesquisa e desenvolvimento" das grandes empresas norte-americanas são, em considerável medida, uma contrapartida da forma de organização oligopolística dos mercados, que exclui a concorrência de preços e exacerba a concorrência pela introdução de novos modelos de um mesmo produto. Esse sistema, amadurecido em uma economia favorecida pela dimensão do seu mercado e por um elevado grau de integração interna e proteção externa, está longe de apresentar a mesma eficácia quando atua no mercado internacional. Em uma economia em que prevalecem preços administrados nos setores em que mais rápido é o progresso tecnológico, os frutos do aumento de produtividade deverão ser transferidos para a população pela elevação dos salários nominais, inclusive nos setores em que a produtividade do trabalho permanece estacionária. Em tais condições, o desenvolvimento se fará sempre acompanhar de elevação do nível geral de preços, a qual tende a afetar a capacidade concorrencial externa da economia. Evidentemente, essa capacidade será ainda mais afetada na hipótese de que a produtividade média da economia cresça menos do que nos países concorrentes. Este segundo fator, mais do que uma elevação relativa do nível de preços — observadas as taxas de câmbio —, afetou de forma adversa a capacidade concorrencial da economia norte-americana nos mercados internacionais, nos últimos decênios.

O aumento relativamente lento das exportações norte-americanas tenderia a criar, a partir da segunda metade do decênio de 1960, crescentes dificuldades ao processo de expansão das grandes empresas no exterior. Em razão dos vultosos gastos que o governo dos Estados Unidos realiza no estrangeiro — os gastos militares passaram de 2,9 bilhões de dólares em 1955 a 4,5 bilhões em 1967 — a balança comercial deve apresentar um excedente considerável para que as empresas possam continuar sua expansão no exterior. O excedente comercial, que em 1957 atingiu 6,1 bilhões de dólares, no decênio de 1960 apresentou média bem inferior a essa cifra, e em 1967 havia baixado a 3,6 bilhões, sendo insuficiente para cobrir os gastos militares. No começo do decênio de 1970, esse excedente passaria a ser negativo. Em consequência, os investimentos líquidos no exterior, que cresceram com certa regularidade, entre 1955 e 1965, foram drasticamente reduzidos a partir de 1966: de quase seis bilhões, em 1964-65, desceram a menos de dois bilhões, em 1966-1967. Esses investimentos no exterior já constituem uma fonte de recursos de considerável importância, que tende a crescer com o declínio relativo do saldo comercial. Assim, em 1967, a entrada líquida de recursos provenientes desses investimentos (isto é, descontadas as saídas decorrentes de investimentos estrangeiros nos Estados Unidos) alcançou 5,5 bilhões, contra 3,6 bilhões do saldo da balança comercial.

Tendo em conta a importância considerável dos investimentos já realizados pelas empresas americanas no estrangeiro, pode-se indagar se os lucros proporcionados já não constituem uma base capaz de permitir-lhes uma expansão indefinida. Quanto ao mundo subdesenvolvido, tudo indica que a ampliação dos investimentos norte-americanos não encontrará obstáculos, já que há bastante tempo eles se apoiam exclusivamente no autofinanciamento. No período compreendido entre 1950 e 1965, os investimentos diretos norte-americanos nos países da América Latina permitiram transferir para os Estados Unidos 11,3 bilhões de dólares, e os novos investimentos americanos nessa área subiram a 3,8 bilhões.

Fenômeno idêntico observou-se com respeito aos demais países do Terceiro Mundo: recursos recebidos, 5,2 bilhões, lucros transferidos, 14,3 bilhões. O mesmo não se pode dizer, entretanto, em relação às áreas industrializadas, cuja evolução continua a ser decisiva na estruturação da economia internacional. Assim, no período referido, os recursos norte-americanos investidos na Europa ocidental alcançaram 8,1 bilhões, ao passo que as rendas transferidas para os Estados Unidos se resumiram a 5,5 bilhões. Limitando-se ao autofinanciamento, dificilmente as empresas norte-americanas conseguirão manter um ritmo de crescimento suficientemente alto para chegar a ocupar uma posição predominante na economia europeia. No período compreendido entre 1958 e 1964, a participação dessas companhias na formação bruta de capital fixo nos países da Comunidade Europeia foi de 5,2 por cento, variando entre 3,7 na França e 8,2 na Holanda. Desses recursos, cerca de 52 por cento tiveram origem em fundos próprios das empresas, 20 por cento foram obtidos nos Estados Unidos e 28 por cento foram levantados no mercado de capitais da própria Europa.[24] À medida que os recursos financeiros obtidos fora dos Estados Unidos tenham de crescer, como ocorreu a partir de 1965, os custos financeiros dessas empresas tenderão a aumentar e suas possibilidades de auto-

---

[24]Dados de diversos números do *Survey of current business*. Para uma apresentação do problema veja-se Fernand Braun, "L'inventaire statistique des investissements étrangers en Europe", *in Les investissements étrangers en Europe*, Institut d'Administration des Entreprises/Association pour le développement des études de gestion, Paris, 1968.

financiamento se reduzirão. Tanto mais que os novos recursos deverão ser obtidos no mercado de euroemissões, no qual a concorrência das companhias europeias se faz sentir de forma crescente. Com efeito, entre 1965 e 1967, os empréstimos contraídos por empresas norte-americanas no mercado de euroemissões aumentaram de 358 para 527 milhões de dólares, sendo que os contraídos por empresas europeias aumentaram de 380 para 994 milhões.

Após a crise do dólar, no começo de 1968, já não se põe em dúvida a existência de uma incompatibilidade entre, de um lado, o volume de gastos do governo dos Estados Unidos no exterior e o ritmo de expansão das empresas norte-americanas em outros países; de outro, o crescimento relativamente lento das exportações norte-americanas, o qual se traduz na tendência ao declínio do saldo da balança comercial. Se observamos os dados do período compreendido entre 1950 e 1964 — isto é, antes da séria agravação acarretada pela guerra do Vietnã —, constatamos que o saldo negativo acumulado da balança de pagamentos dos Estados Unidos alcançou 25 bilhões de dólares, sendo que 7 bilhões foram cobertos com exportações de ouro e o restante com aceitação de saldos líquidos de dólares por outros países. No mesmo período, os investimentos diretos dos Estados Unidos no exterior cresceram em 32,6 bilhões de dólares. Nos países da Comunidade Europeia, em cujos bancos centrais está acumulada grande parte dos saldos líquidos de dólares, o aumento dos investimentos diretos americanos não alcançou nesse período 5 bilhões de dólares. Tudo se passou, portanto, como se os Estados Unidos, sem graves consequências, houvessem financiado o grosso de seus investimentos no estrangeiro com emissão de papel-moeda de poder liberatório internacional. Para utilizar as palavras de um autor americano estudioso da matéria: "Agora, ao aumentarem automaticamente as facilidades para os Estados Unidos os países europeus estariam financiando a predominância permanente de um país cujo poder eles estão de fato em posição de contestar."[25]

Se bem que a expansão internacional das empresas norte-americanas permaneça como um dos traços característicos do desenvolvimento da economia mundial, já não existe base que autorize atribuir a essa expansão, fora dos países do Terceiro Mundo, papel predominante na reestruturação da economia internacional. Em um mundo em que o processo de desenvolvimento se vem realizando de forma extremamente desigual, excluída a hipótese de efetiva dominação política, somente o marco nacional, e em certos casos o regional, poderá servir de base para definir critérios valorativos. Assim, a articulação em nível nacional continuará a desempenhar papel fundamental, e as relações entre sistemas econômicos nacionais continuarão a colocar-se como problemas de estratégia, isto é, abrindo opções a cada uma das partes. A persistência dos centros nacionais de decisão como marco básico para definição dos critérios valorativos não impede que prossiga a tendência à constituição de subsistemas regionais, que permitam conjugar esforços para solução de problemas comuns, particularmente nos planos tecnológico e financeiro e na definição da estratégia a seguir nos mercados internacionais.

Esses subsistemas não requerem necessariamente a formação de mercados comuns, isto é, de um espaço econômico com

---

[25]Cf. o artigo de Hans O. Schmitt, cit.

mobilidade de fatores e coordenação das decisões políticas com repercussão no plano econômico. A presença, em uma área, de um sistema econômico nacional altamente dinâmico pode dar origem a outro tipo de espaço econômico articulado multinacional. Na ausência de uma definição autônoma dos interesses nacionais de cada país, um processo dessa ordem tende a traduzir-se em mera dominação econômica, conforme sugerimos, em relação à América Latina. Contudo, pode-se admitir a hipótese de organização de um esforço econômico multinacional em que os interesses de cada coletividade nacional venham a expressar-se autonomamente.

Se nos limitamos a uma apresentação esquemática das linhas atuais do processo de reestruturação da economia internacional, caberia destacar as seguintes tendências básicas: *a*) crescente influência dos centros nacionais de decisão, que refletem a forma mais significativa de solidariedade coletiva e servem de base de apoio às grandes empresas que atuam nos planos nacional e internacional; *b*) articulação de espaços econômicos regionais, como meio para facilitar a assimilação do progresso tecnológico, intensificar a acumulação de capital e, ocasionalmente, como mecanismos de defesa contra a ação dos centros hegemônicos; *c*) coexistência de vários centros dinâmicos que, embora atualmente exerçam influências muito diversas, tanto no fundo quanto na forma, guardarão sua autonomia individual no sistema econômico internacional.

A fase de expansão externa das grandes empresas norte-americanas coincide, na América Latina, com a criação de amplas facilidades visando à interiorização de atividades produtivas, particularmente as manufatureiras. A industrialização latino-americana tendeu a assumir, por conseguinte, a forma de internacionalização das atividades produtivas ligadas ao mercado interno, o que viria a marcar o desenvolvimento da região em sua fase atual. Essa internacionalização teria consequências múltiplas: *a*) enfraqueceria o processo formativo dos centros nacionais de decisões, criando uma nova forma de desarticulação das decisões econômicas; *b*) criaria uma pressão crescente sobre a balança de pagamentos decorrente de transferências financeiras; e *c*) poria em marcha um processo de integração multinacional essencialmente baseado na articulação de decisões das grandes empresas estrangeiras que se instalaram na região.

Nos sistemas econômicos já estruturados — como os países industrializados da Europa Ocidental e o Japão —, a interiorização das grandes companhias americanas foi rapidamente identificada como um aspecto do desenvolvimento da economia internacional, devendo como tal ser considerada. Colocaram-se de imediato o problema das *vantagens* e *desvantagens* dessa interiorização, e a questão de saber até que ponto a coerência de um sistema nacional de decisões é fator indispensável ao desenvolvimento nas condições do mundo contemporâneo. A esse respeito, conhecem-se as duas posições tradicionalmente adotadas pelo Canadá e pelo Japão. A primeira enfatiza a proteção da *indústria*, considerada isoladamente como atividade produtora e fonte de emprego, podendo ser controlada de fora ou de dentro do país; a segunda enfatiza a proteção da *economia nacional*, considerada essencialmente como um sistema de decisões. Em face da expansão recente das grandes firmas americanas, nos países industrializados, tendeu a prevalecer a posição japonesa: todos eles, inclusive a Grã-Bretanha, submeteram a estrito controle a instalação de novas empresas estrangeiras, o financiamento de sua expansão ou a aquisição de uma companhia nacional por grupo estrangeiro.[26] O debate em torno desse problema abriu importantes perspectivas, permitindo que se tomasse consciência da dependência de financiamento público em que se encontra o avanço das tecnologias de vanguarda, e da importância da autonomia de decisões para que se possa atuar nos mercados internacionais.

Na América Latina impôs-se sem discussão a posição canadense, proporcionando-se o máximo de proteção a toda atividade produtiva que se inclina a substituir importações, na suposição de que *qualquer* indústria instalada no território nacional coopera *igualmente* para a prosperidade do país. Por essa razão, a implantação de filiais de empresas norte-americanas realizou-se com extraordinária rapidez, independentemente das dimensões do mercado, do grau de desenvolvimento já alcançado, ou da intensidade do crescimento econômico na fase em que ocorria essa penetração. Entre 1950 e 1965, os investimentos fixos norte-americanos em manufaturas latino-americanas aumentaram de 780 milhões para 2,7 bilhões de dólares. O maior volume desses investimentos encontrava-se, no segundo ano referido, no México (752 milhões), no Brasil (722 milhões) e na Argentina (617 milhões). Contudo, o crescimento desses investimentos foi mais intenso em países de mercado relativamente pequeno, como a Venezuela, a Colômbia e mesmo o Peru.

---

[26]Cf. prof. Stephen Hymer, "Transatlantic differences on foreign investment", trabalho apresentado na reunião anual da *International Studies Association,* National Academy of Sciences, Washington, 1968.

Comparando o Brasil e a Argentina, depreende-se que, embora o primeiro desses países tenha apresentado uma taxa de crescimento muito mais alta no período considerado, os investimentos norte-americanos em manufaturas aí realizados cresceram com intensidade duas vezes menor do que na Argentina.

A análise do volume de vendas das empresas norte-americanas põe em evidência sua rápida expansão nos países da América Latina. Na Argentina, no período que se estende de 1961 a 1965, a taxa média de crescimento anual do produto interno bruto foi de 2,8 por cento, e a taxa de aumento anual das vendas (em dólares) das indústrias manufatureiras norte-americanas situadas no país foi de 16 por cento; os dados para o Brasil são, respectivamente, 3,8 e 5 por cento, e para o México, 6,8 e 15 por cento. Como o crescimento de vendas mais rápido se realizou no país de mais lento crescimento, tudo indica que a expansão das empresas norte-americanas realizou-se em grande parte por meio de aquisição de instalações já existentes nos países.

A expansão dessas empresas na América Latina vem se realizando no quadro do processo de "substituição de importações", isto é, do esforço visando superar a insuficiência estrutural da capacidade de importação. Com efeito, quando se comparam as vendas dessas companhias com as importações procedentes dos Estados Unidos, em setores idênticos, constata-se claramente a substituição. Assim, em produtos químicos, em 1957, as vendas das filiais norte-americanas alcançaram um valor idêntico ao das importações, ao passo que em 1964 as vendas representavam mais do dobro; em equipamento de transporte, as vendas das filiais, em 1957, não passavam da metade das importações, enquanto em 1964 eram praticamente o dobro. Contudo, esse processo de substituição de importações apresenta limites e o seu controle por empresas estrangeiras cria problemas que merecem atenção.

Não se deve perder de vista que as companhias norte-americanas que se instalam na América Latina são parte de um sistema de decisões que transcende o horizonte nacional de cada país isoladamente. Elas tendem a descentralizar geograficamente certas atividades e a centralizar outras, entre as quais se incluem as apoiadas em tecnologias de vanguarda. Assim, à medida que avança a substituição de importações de produtos mais complexos, a dependência de insumos provenientes das matrizes aumenta. Entre 1957 e 1964, as vendas das filiais norte-americanas passaram de 2,4 para 5 bilhões de dólares, enquanto os insumos importados por essas filiais (não incluídos os equipamentos) cresciam de 210 para 677 milhões de dólares. Essa tendência pareceria indicar que a eficácia *substitutiva* é uma função decrescente da expansão industrial controlada por companhias estrangeiras.

O segundo aspecto do problema, e de importância seguramente superior, está ligado à limitação que encontram as filiais face à sua integração no comércio internacional. Sendo parte de empresas com ampla ação internacional, elas já nascem com um horizonte geográfico definido. Suas estruturas de custos e preços e seus planos de expansão não levam em conta as condições dos mercados internacionais, conforme a experiência latino-americana pôs amplamente em evidência. O fato de países como o Brasil e a Argentina terem alcançado um grau relativamente elevado de industrialização sem conseguir modificar em nada a composição de suas exportações — que continuam a refletir as velhas estruturas exportadoras de matérias-primas — é clara indicação de que a industrialização controlada do exterior constitui mais uma forma de adaptação, em um patamar mais baixo de capacidade para importar, do que um autêntico desenvolvimento.[27]

Por último, cabe considerar o problema do financiamento da expansão das filiais norte-americanas que operam no setor manufatureiro da América Latina. No período compreendido entre 1958 e 1964, os investimentos totais dessas filiais alcançaram 4,3 bilhões de dólares, dos quais 815 milhões constituídos de fundos obtidos nos Estados Unidos. Os recursos de terceiros levantados na América Latina foram duas vezes mais importantes que os fundos provenientes dos Estados Unidos. Contudo, a principal fonte de financiamento foram as próprias empresas, através de lucros retidos e fundos de amortização. Tendo-se em conta que as filiais manufatureiras na América Latina, durante o período referido, distribuíram aproximadamente 42 por cento de seus lucros, depreende-se que dois terços dos fundos obtidos nos Estados Unidos podiam ser financiados com os lucros distribuídos, o que permite concluir que o conjunto de filiais esteve em condições de cobrir 94 por cento de sua extraordinária expansão, independentemente de novos fundos obtidos nos Estados Unidos.

---

[27] O esforço realizado em anos recentes por países como o Brasil e o México para aumentar as exportações de manufaturas, muitas vezes subsidiando-as fortemente, deve em boa parte o seu êxito à necessidade que encontram os conglomerados de criar divisas para dar cobertura cambial às próprias transferências financeiras. A significação real desse aumento de exportações só pode ser aferida levando em conta o seu custo social (subsídios) e o endividamento externo paralelo, decorrência das facilidades que ele cria às empresas estrangeiras para que intensifiquem sua expansão.

Portanto, parece fora de dúvida que, apesar das dificuldades de balança de pagamentos que enfrenta a economia norte-americana, suas filiais não terão dificuldades financeiras para continuar sua expansão na América Latina. A experiência demonstrou, entretanto, que essa expansão já não contribui para solucionar os problemas de balança de pagamentos dos países latino-americanos, nem para estimular o crescimento dessas economias. Ora, a expansão dessas filiais em economias de baixo ritmo de crescimento ou estagnadas tende a agravar a insuficiência estrutural de capacidade para importar, porquanto uma parcela crescente do valor das exportações é absorvida pelo serviço dos capitais estrangeiros. Como já surgiram limitações por esse lado, é pouco provável que continue a expansão caso as possibilidades de transferência de lucros para o exterior se reduzam persistentemente.

A experiência da América Latina serviu para demonstrar de forma cabal que o desenvolvimento é menos um problema de investimentos que de criação de um sistema econômico articulado e capacitado para autodirigir-se. A adoção *à outrance* do modelo canadense de microprotecionismo, sem levar em conta que a existência de um sistema econômico pressupõe um marco nacional capaz de unificar os critérios valorativos, frustrou a formação de uma classe de autênticos empresários nacionais, permitindo que os sistemas de poder continuassem essencialmente controlados por grupos tradicionais. Por outro lado, o controle de decisões de um número crescente de setores produtivos por grupos estrangeiros aumentou o grau de desarticulação das economias nacionais, posto que reduziu a possibilidade de uma efetiva coordenação interna das decisões econômicas de caráter estratégico. Não obstante a expansão relativa das atividades econômicas do setor público, é provável que muitos Estados latino-americanos possuam hoje menos capacidade para orientar as economias nacionais respectivas do que ocorria meio século atrás.

A análise do quadro internacional permite destacar alguns pontos, simples sugestões para o prosseguimento das reflexões aqui esboçadas.

A hegemonia que exercem os Estados Unidos na América Latina constitui sério obstáculo ao desenvolvimento da maioria dos países da região. A "estratégia de ajuda" do governo norte-americano mediante a criação de privilégios para as grandes empresas e o controle preventivo da "subversão" contribuiu para preservar as mais retrógradas formas de organização social e tendeu a esvaziar os Estados nacionais como centros de decisão e instrumentos de mobilização das coletividades para as tarefas do desenvolvimento.

A hipótese de que a economia internacional tenderia a ser necessariamente controlada por poucas dezenas de grandes empresas norte-americanas está longe de ser comprovada. Ainda que, nas condições presentes, não seja possível ter uma ideia precisa de como serão as relações internacionais no futuro, parece prevalecer a tendência a um policentrismo.

Os espaços econômicos nacionais, dotados de centros de decisão de perfil perfeitamente definido, muito provavelmente continuarão a desempenhar o papel principal como marcos definidores dos critérios de valor. Em outras palavras: os centros básicos de decisão, intérpretes dos interesses substantivos das coletividades humanas, continuarão a ser nacionais, se bem que as circunstâncias em função das quais terão de estabelecer suas opções decorrerão da coexistência de uma constelação de polos dinâmicos na economia mundial e das regras de convivência que se estabeleçam entre esses polos.

Na definição das estratégias nacionais dos países do Terceiro Mundo, terão peso crescente os entendimentos entre as regiões. Contudo, os agrupamentos regionais serão essencialmente um meio visando a ampliar o horizonte de opções dos centros nacionais de decisão em relação aos polos de influência mundial.

As tentativas de *integração* de economias nacionais desarticuladas e incapacitadas para autodirigir-se limitam-se a uma justaposição dos interesses das grandes empresas estrangeiras que atuam na região e servirão apenas para aumentar os custos e fazer mais remota a adoção de autênticas políticas de desenvolvimento.

CAPÍTULO III Subdesenvolvimento e distribuição da renda

1. O DESENVOLVIMENTO

A formação das sociedades de base industrial constitui complexo processo, cuja compreensão requer análise simultânea da penetração do progresso tecnológico nos sistemas de produção e da forma como as estruturas sociais e o quadro institucional preexistentes reagiram a essa penetração e a condicionaram. A especialização das ciências sociais, ao separar o estudo dos *mecanismos econômicos* do estudo dos fatores de ordem sociocultural, que condicionam o comportamento dos agentes integrantes desses mecanismos, acrescentou dificuldades à compreensão do referido processo. O conhecimento dos mecanismos econômicos avançou consideravelmente sem que se realizassem progressos significativos na explicação de suas transformações no tempo. Os obstáculos criados por esse inadequado enfoque metodológico avolumam-se no caso do estudo das estruturas econômicas subdesenvolvidas, em que muitas vezes é tarefa árdua identificar o especificamente econômico, conforme os critérios convencionais.

No esboço de análise que se segue tentaremos captar o fenômeno do subdesenvolvimento no quadro da história contemporânea: como consequência da rápida propagação de novas formas de produção, partindo de um número limitado de centros irradiadores de inovações tecnológicas, em um processo que tendeu à criação de um sistema econômico de âmbito planetário. Dessa forma, consideraremos o subdesenvolvimento como uma criação do desenvolvimento, isto é, como consequência do impacto, em grande número de sociedades, de processos técnicos e de formas de divisão do trabalho irradiados do pequeno número de sociedades que se haviam inserido na revolução industrial em sua fase inicial, ou seja, até fins do século XIX. As relações que se estabelecem entre esses dois tipos de sociedades envolvem formas de dependência que tendem a autoperpetuar-se. Essa dependência apoiou-se, inicialmente, num sistema de divisão internacional do trabalho que reservava para os centros dominantes as atividades produtivas em que se concentrava o progresso tecnológico. Em fase subsequente, a dependência resultou do controle exercido por grupos das economias dominantes sobre as atividades que, nas economias dependentes, mais assimilavam novas técnicas.

Sendo assim, infere-se que o subdesenvolvimento não pode ser estudado como uma "fase" do processo de desenvolvimento, fase que tenderia a ser superada sempre que atuassem conjuntamente certos fatores. Pelo fato mesmo de que são coetâneas das economias desenvolvidas, das quais, de uma ou de outra forma, dependem, as economias subdesenvolvidas não podem reproduzir a experiência daquelas. Em síntese: desenvolvimento e subdesenvolvimento devem ser considerados como dois aspectos de um mesmo processo histórico, ligado à criação e à forma de difusão da tecnologia moderna.

O rápido e inusitado crescimento das forças produtivas, processo que se conhece como Revolução Industrial, é fenômeno que escapa a toda tentativa de explicação esquemática, e que somente pode ser compreendido no contexto da história europeia. Com efeito, as inovações que desencadearam a revolução nas formas de produção, assinalada no último quartel do século XVIII, e permitiram a aceleração do processo de formação de capital, são uma resultante da convergência de múltiplos processos sociais, tais como a acumulação de capital comercial em forma líquida — o que foi possível graças à expansão das atividades comerciais e à descoberta dos metais preciosos nas Américas —, a exacerbação da concorrência mercantilista decorrente da formação dos Estados nacionais europeus, o desenvolvimento das técnicas de organização mercantil e financeira, o acesso ao patrimônio de conhecimentos técnicos que se havia acumulado na Ásia. O avanço da ciência experimental, facilitado pela secularização do saber e pela difusão dos conhecimentos que acompanham a ascensão da burguesia, atuará como um mecanismo multiplicador, cujo significado foi pequeno na fase inicial, mas decisivo em fase subsequente, abrindo o caminho à revolução tecnológica.

Na formação das atuais sociedades industriais cabe distinguir uma primeira fase que se estende, grosso modo, até fins do terceiro quartel do século XIX, durante a qual existe clara preeminência da ação de fatores de ordem econômica, principalmente ligados à transformação estrutural da oferta de bens e serviços. Inovações tecnológicas eram introduzidas com intensidade crescente na criação de novas formas de produção, provocando desorganização das atividades artesanais preexistentes. As consequências se faziam sentir em múltiplos planos: formação da classe operária, concentração de riqueza e do poder de decidir sobre as atividades econômicas em mãos de uma pequena minoria não ligada à propriedade da terra, rápida urbanização engendrando tarefas novas e complexas para os poderes públicos.

Na base de todas essas transformações estava a substituição de modos tradicionais de produção por outro em que o capital, na forma de equipamentos, era utilizado crescentemente. Em tais condições a oferta de mão de obra teria de ser abundante, o que explica o baixo nível dos salários reais, que refletiam as condições de vida no mundo rural, onde permanecia a maioria da população trabalhadora. Os frutos dos aumentos de produtividade revertiam, quase exclusivamente, para a classe capitalista, cujas virtudes de poupança eram alardeadas pelos economistas contemporâneos em contraste com a prodigalidade dos grandes senhores de terras. A reinversão de lucros traduzia-se em novas indústrias, permitindo que a transformação das estruturas econômicas e sociais prosseguisse em ritmo intenso.

Observando esse processo de desenvolvimento, cujos fatores dinâmicos se concentravam quase exclusivamente do lado da oferta, os economistas clássicos ortodoxos, como J. S. Mill, ou heterodoxos, como Marx, pretenderam identificar nele fatores de autolimitação. Mill deixou-se impressionar por uma suposta tendência à baixa da taxa de lucro, decorrência necessária de um provável excesso de oferta de capital; Marx preocupou-se principalmente com o crescimento mais que proporcional do capital constante (que não criaria *valor*) e com a tendência à concentração da riqueza engendrada pela concorrência e pelas inovações tecnológicas, o que acarretaria a persistência do *exército de reserva* de trabalhadores e a exclusão da classe trabalhadora dos benefícios do desenvolvimento. Tanto J. S. Mill como Marx fizeram referência explícita aos fatores que, em sua época, exerciam efeitos compensatórios, anulando as *tendências básicas*. Contudo, elas eram apresentadas como intrínsecas ao sistema, sendo, portanto, de admitir que viessem a prevalecer a longo prazo.

A história se fez por caminhos distintos daqueles que assinalavam as profecias dos economistas clássicos. O progresso tecnológico teria no desenvolvimento da economia capitalista uma significação ainda maior do que aquela que o próprio Marx havia pressentido. As indústrias de bens de capital demonstraram ser um campo particularmente propício à inovação tecnológica, o que criou condições favoráveis a uma redução progressiva dos preços relativos dos equipamentos e à aplicação destes a um número crescente de atividades produtivas. O barateamento dos equipamentos, em termos de bens de consumo provenientes da agricultura e de indústrias instaladas em período anterior, permitiu aprofundar o processo de formação de capital. Assim, o rápido progresso tecnológico no setor que gerava as transformações estruturais favoreceu a absorção do excedente de mão de obra criado pela desorganização da produção artesanal. A forte emigração para as novas áreas de colonização e o declínio, em fase subsequente, da taxa de natalidade atuaram no mesmo sentido.

Absorvido o excedente estrutural de mão de obra ao mesmo tempo que se conservava um elevado ritmo de acumulação, criaram-se condições para que a classe trabalhadora se organizasse e passasse a disputar com os capitalistas os frutos dos aumentos de produtividade causados pelo avanço tecnológico. Essa modificação na relação das forças sociais que condicionam o processo de distribuição da renda assinala a abertura da segunda fase do desenvolvimento do capitalismo, durante a qual os problemas criados pelos ajustamentos superestruturais ganham considerável importância. Nessa segunda fase, o progresso tecnológico constitui não somente o fator básico do crescimento econômico, mas também o instrumento que permite a preservação do sistema de poder existente.

O elevado nível de produtividade, que prevalece nas sociedades industriais avançadas, conjugado com o esquema de distribuição da renda — reflexo de um sistema de poder historicamente condicionado — e com a repartição da carga fiscal, tradicionalmente regressiva, determinam a formação de um fluxo considerável de poupança a ser transformada em capital reprodutível mediante o processo de investimento. Se a este fator se adiciona o efeito do declínio dos preços relativos dos equipamentos — reflexo do progresso tecnológico mais rápido desse setor — compreende-se que a dotação de capital por pessoa ocupada tenda a aumentar. Por outro lado, os investimentos feitos diretamente na própria população trabalhadora, tanto pela iniciativa privada como pela ação governamental, crescem com rapidez considerável. Da ação conjugada desses fatores resulta uma tendência persistente à melhoria das condições de luta da classe trabalhadora, abrindo-lhe acesso aos frutos do desenvolvimento, tanto pela elevação dos salários reais como pela redução do número de horas da jornada de trabalho.

Se a pressão para elevar os salários reais alcançasse intensidade suficiente para alterar de modo significativo a distribuição da renda social, seria de esperar que ocorressem modificações qualitativas no sistema capitalista. O simples declínio ocasional da participação dos lucros na renda provocaria redução da taxa de poupança e contração de investimentos, o que debilitaria a posição de luta dos assalariados. Na realidade, modificações permanentes e significativas na distribuição da renda em favor dos assalariados requerem o controle prévio do sistema de preços, o que não seria viável sem alterações de fundo no sistema de poder. Assim, excluída a hipótese de modificações importantes nesse sistema, as pressões de classe para elevar os salários não podem ir muito longe, porquanto a redução da taxa de acumulação constitui um freio ao processo de redistribuição da renda. Na prática, entretanto, o freio a essas pressões veio de outra direção, o que preservou a taxa de investimento e manteve o ritmo de crescimento do produto a longo prazo. O controle e a orientação das inovações tecnológicas pela classe capitalista colocaram em suas mãos o instrumento necessário para regular, senão a curto, pelo menos a médio prazo, a oferta de mão de obra. Assim, orientando o desenvolvimento da tecnologia no sentido de multiplicar mecanismos que poupassem mão de obra, ou substituíssem trabalho por capital, a classe capitalista pôde compensar a tendência à escassez relativa da força de trabalho, preservando o esquema de distribuição da renda social estabelecido na época anterior de grande abundância de mão de obra.

Deve-se ter em conta que modificações profundas na distribuição da renda, particularmente no sentido igualitário, pressupõem alterações simultâneas na estrutura da oferta, devendo o setor produtor de bens de capital reduzir a sua importância relativa no produto. Por outro lado, a preservação do esquema de distribuição da renda requer a manutenção de uma taxa de poupança e investimento que se traduz em rápido processo de acumulação, portanto tende a fortalecer a classe trabalhadora na luta pelos frutos do aumento de produtividade. Dessa forma, ao favorecer a posição de luta dos assalariados, a acumulação cria condições para que se intensifique a assimilação do progresso tecnológico; este último, ao restabelecer a elasticidade da oferta de mão de obra, tende a preservar a forma de distribuição da renda e, indiretamente, a manter uma estrutura da oferta em que a participação dos bens de capital é relativamente alta; mantida a distribuição da renda e a estrutura da oferta, o processo de acumulação deverá prosseguir, fechando-se o círculo. Tudo se passa, portanto, como se o antagonismo de classes inerente a um sistema em que a propriedade dos bens de produção está em mãos de uma pequena minoria — antagonismo que se manifesta na luta pela distribuição da renda —, conjuntamente com o controle e a orientação do progresso tecnológico pela minoria responsável pelos investimentos criassem condições para a preservação de uma taxa de poupança e investimento mediante a qual se assegura a imutabilidade na distribuição da renda social, ao mesmo tempo que vão sendo satisfeitas as reivindicações básicas de melhoria de vida da classe assalariada.

O crescimento econômico nas condições de subdesenvolvimento apresenta características totalmente distintas das que vimos de assinalar. Após uma fase de elevação de produtividade econômica sem maiores modificações nas formas de produção — simples decorrência de inserção nos mercados internacionais mediante exportações de produtos primários, vale dizer, mediante utilização mais intensiva dos recursos naturais e de mão de obra abundantes — as economias subdesenvolvidas tiveram de tentar o caminho da diversificação de suas estruturas econômicas para evitar um retrocesso que era tanto mais inevitável quanto se ia acelerando o crescimento demográfico.

No caso da América Latina, a industrialização não foi resultado de uma ação deliberada visando a romper com os esquemas tradicionais de divisão internacional do trabalho; ela tomou impulso durante o longo período de depressão dos produtos primários nos mercados internacionais, iniciado em 1929. É sabido que se escoaria um quarto de século — período suficiente para que a população da região praticamente se duplicasse — até que o *quantum* do comércio mundial de produtos agrícolas recuperasse os níveis anteriores à crise de 1929. Essa industrialização constitui caso exemplar do que posteriormente se chamaria de desenvolvimento impulsionado pela substituição de importações: a fim de que a oferta de origem interna possa satisfazer, embora parcialmente, um mercado de manufaturas antes abastecido por produtos importados, os investimentos devem orientar-se no sentido de diversificar a estrutura do sistema de produção. Dado o debilitamento da demanda externa, os fatores que o setor industrial absorve não têm uso alternativo; no jargão dos economistas: o seu *custo de oportunidade* é zero. Dessa forma, mesmo que os produtos das novas indústrias devam ser vendidos a preços relativos mais altos do que os preços que a população pagava anteriormente pelos similares importados, as referidas indústrias contribuem para elevar o produto social. Haverá certamente uma mudança na distribuição da renda em detrimento dos consumidores tradicionais dos produtos em questão, o que não impede que aumente a disponibilidade total de bens e serviços da comunidade em seu conjunto. À primeira vista, o processo de substituição de importações parece implicar o *abandono* das vantagens da divisão internacional do trabalho. Isso não é verdade, pois a industrialização substitutiva tem sido menos uma opção consciente do que uma consequência. Sem a prolongada desorganização dos mercados internacionais que se iniciou em 1929 e sem o declínio persistente da demanda mundial de grande maioria dos produtos primários, tudo leva a crer que a evolução dos atuais países subdesenvolvidos teria sido outra. No entanto, dado o sistema de preços que prevalece nos mercados internacionais — particularmente preços relativos de produtos primários e manufaturados —, a opção industrial supera de muito os raciocínios implícitos no modelo estático de vantagens comparativas do comércio internacional, pois ela abre a porta a uma assimilação muito mais ampla do progresso tecnológico.

O processo substitutivo de importações constitui uma das especificidades da industrialização dos chamados países subdesenvolvidos. Outro fator não menos importante é que ela vem se realizando mediante a assimilação de uma tecnologia que é fruto de um processo histórico peculiar aos atuais países desenvolvidos. Já observamos que a orientação do progresso tecnológico não é simples resultante de fatores casuais; ela reflete um processo histórico particular no qual desempenhou papel relevante o esforço das minorias dominantes para preservar o esquema de distribuição da renda em condições de escassez crescente de mão de obra. Para os países subdesenvolvidos, que se encontram em situações históricas fundamentalmente diversas, a rápida assimilação dessa tecnologia engendra problemas de amplas repercussões. Cabe reconhecer, inicialmente, a vantagem considerável que é ter acesso a uma tecnologia já experimentada. Contudo, não se pode desconhecer o caráter específico de um processo de desenvolvimento em que a tecnologia existe como um fator totalmente exógeno. Como a absorção de fatores no setor que assimila a tecnologia moderna se faz não em função da disponibilidade dos mesmos, mas dos ditames da tecnologia importada, não se pode esperar uma relação significativa entre a produtividade dos fatores e suas remunerações respectivas. O progresso tecnológico, ao se orientar no sentido de poupar mão de obra, aumenta a produtividade do fator trabalho no setor que assimila essa tecnologia, ao mesmo tempo que amplia o excedente estrutural de mão de obra; em outras palavras: a orientação do progresso tecnológico corresponde a uma situação em que a dotação média de capital por pessoa em idade de trabalhar é muitas vezes maior do que a existente num país subdesenvolvido.

A ideia, tão simpática a muitos analistas, de que existe à disposição dos empresários dos países subdesenvolvidos um amplo espectro de tecnologias alternativas não encontra correspondência na realidade. Seja porque os equipamentos produzidos em série e disponíveis nos mercados incorporam a tecnologia em uso nos países mais avançados, seja porque o progresso da técnica na forma em que se realiza atualmente não permite separar os mecanismos que poupam mão de obra de outros que poupam matérias-primas ou simplificam o trabalho, seja porque as empresas industriais dos países subdesenvolvidos estão financeira ou tecnicamente ligadas a grupos estrangeiros e recebem equipamentos que as matrizes adquirem em grande escala, seja por essas e outras razões, o resultado final tem sido sempre o mesmo: os empresários dos países subdesenvolvidos seguem de perto os padrões tecnológicos dos países mais avançados, que são os criadores das inovações tecnológicas e os exportadores de equipamentos ou de licenças para produzi-los. Por isso os efeitos diretos da industrialização sobre a estrutura ocupacional são cada vez mais limitados. Os dados para a América Latina indicavam que entre 1938 e 1948 o crescimento de 1 por cento da produção industrial acarretava aumento de 0,62 por cento no emprego industrial; a mesma relação, no decênio dos cinquenta, foi de 1 para 0,26. Dada esta última relação, para que a mão de obra empregada no setor industrial crescesse numa taxa de 3 por cento anual, a produção do setor deveria estar aumentando a uma taxa de cerca de 12 por cento. Como 3 por cento era a taxa de crescimento demográfico, infere-se que mesmo uma taxa de crescimento acumulado de 12 por cento no setor industrial não afetava diretamente a estrutura de emprego. Explica-se assim que, não obstante o setor industrial apresentasse taxas relativamente altas de crescimento no conjunto da região, a participação dos trabalhadores industriais no total da população ativa houvesse declinado. Cabe indagar o que teria ocorrido caso fenômeno idêntico se tivesse manifestado no início da industrialização dos atuais países desenvolvidos. Teria sido possível a absorção do excedente estrutural de mão de obra criado pela desorganização das formas pré-capitalistas de produção? Ter-se-iam criado as condições que levaram ao aumento persistente dos salários reais na fase subsequente? Teria havido a elevação do padrão de vida do trabalhador comum e a consequente formação dos grandes mercados que abriu caminho às economias de escala de produção? Essas perguntas põem em evidência a especificidade da industrialização dos países subdesenvolvidos diante das formas "clássicas" de desenvolvimento dos atuais países avançados.

A urbanização, que caracteriza a evolução dos países subdesenvolvidos, corresponde menos a modificações na estrutura ocupacional motivadas pela industrialização e mais à ação de outros fatores ligados ao crescimento de atividades mercantis concentradas em alguns portos — na fase de expansão do comércio exterior —, à existência de estruturas agrárias que dificultam o acesso à terra, à penetração de técnicas que reduzem o emprego agrícola, aos benefícios que de uma ou outra forma concedem os governos às populações urbanas, ao crescimento do mercado de trabalho para serviços. As formas de pressão dessa massa urbana para ter acesso ao mercado de trabalho constituem processo distinto daquele pelo qual a classe assalariada industrial conseguiu organizar-se e fazer pressão, de modo cada vez mais efetivo, para ter acesso aos frutos do aumento de produtividade e participar dos centros de comando do Estado. Nos países desenvolvidos, trata-se de conflitos sociais cuja solução vem sendo facilitada pelo próprio progresso tecnológico. Nos países subdesenvolvidos, ao contrário, o progresso tecnológico constitui a fonte dos conflitos, cuja solução deve ser buscada no plano político. As grandes massas subempregadas das cidades aspiram a empregos que o sistema econômico não está criando em quantidade suficiente.

Cabe reconhecer, portanto, que não são pequenas as diferenças existentes entre as transformações sociais provocadas pela assimilação do progresso tecnológico nos países subdesenvolvidos e aquelas que caracterizaram o avanço do capitalismo nas nações que se industrializaram desde o século XIX. Em termos de categorias analíticas de Max Weber: nas transformações das atuais economias capitalistas avançadas, os problemas decorrentes de conflitos de grupos e classes sociais empenhados em melhorar sua posição na distribuição da renda — problemas de racionalidade substantiva — vão tendo a sua solução preparada pelo próprio progresso da tecnologia, isto é, pela difusão de critérios de racionalidade formal. Em outras palavras: os técnicos prepararam soluções para muitos dos problemas sociais mais graves surgidos no desenvolvimento da economia capitalista. A situação presente dos países subdesenvolvidos é, em certo sentido, inversa: a forma como penetram as inovações tecnológicas gera problemas com amplas projeções no plano social. São os técnicos que, guiados por critérios de racionalidade microeconômica, criam problemas cujas soluções requerem decisões de natureza política.

As observações feitas evidenciam a preeminência dos problemas políticos nos países subdesenvolvidos. Como esses problemas refletem situações históricas essencialmente distintas das que conheceram os atuais países avançados em fases anteriores de seu desenvolvimento, seu equacionamento escapa aos esquemas ideológicos derivados da experiência do capitalismo clássico. Com efeito, tanto o pensamento liberal como o socialista europeus constituem formulações ideológicas surgidas das lutas de classes geradas por esse processo histórico. A eficácia do liberalismo corresponde a uma realidade social em que o avanço da técnica opera no sentido de abrir caminho à solução dos conflitos sociais ensejados pelo próprio desenvolvimento das forças produtivas; nesse quadro, a ação do Estado tende a simplificar-se ou a transferir-se para mecanismos de orientação e controle das decisões econômicas só indiretamente condicionados por critérios políticos. Por outro lado, a eficácia da ideologia socialista como instrumento de luta da classe assalariada e de aperfeiçoamento das instituições políticas supõe uma dinâmica social na qual desempenham papel relevante os conflitos entre classes, cuja consciência deriva de como estão inseridas no processo produtivo. Nos países subdesenvolvidos, nem a penetração do progresso tecnológico facilita a solução dos conflitos sociais de natureza substantiva, nem as massas que se acumulam nas grandes cidades possuem uma consciência de classe derivada de antagonismos econômicos aos proprietários dos meios de produção. A inadequação desses esquemas ideológicos é particularmente grave, em razão da preeminência dos problemas políticos a que aludimos. Um trabalho criador nesse plano é essencial e urgente. E para que tenha eficácia deverá realizar-se nos próprios países subdesenvolvidos.

2. O CAPITALISMO PERIFÉRICO

O desenvolvimento, além de ser o fenômeno de aumento de produtividade do fator trabalho, é um processo de adaptação das estruturas sociais a um horizonte em expansão de possibilidades abertas ao homem. As duas dimensões do desenvolvimento — a econômica e a cultural — não podem ser captadas senão em conjunto. Por uma questão de facilidade metodológica, o economista concentra a sua atenção nos aspectos mensuráveis do desenvolvimento, isto é, privilegia as variáveis que são passíveis de uma expressão quantitativa. Fica implícito que os demais elementos do processo permanecem imutáveis, ou não afetam de forma significativa o conjunto do processo, durante o período em que se realiza a observação. Esse tipo de redução da realidade a um esquema é corrente no trabalho científico. No estudo do desenvolvimento, entretanto, esse método envolve um risco particular, que decorre da importância do fator tempo. Assim, as relações entre as variáveis econômicas são estabelecidas a partir de dados não econômicos — estrutura da população, hábitos dos consumidores, quadro institucional, etc. —, os quais são isolados do tempo. Em seguida considera-se o comportamento *no tempo* de certa variável econômica, tendo em conta apenas o comportamento observável de um número limitado de outras variáveis. Ao final do período de tempo se volta a observar os dados não econômicos, como se os mesmos houvessem evoluído por conta própria, independentemente do comportamento das variáveis econômicas, e como se esse comportamento pudesse ser explicado sem levar em conta a permanente transformação dos dados não econômicos. Em síntese: a interação do econômico com o não econômico, seguramente o que é mais importante no processo de desenvolvimento, desaparece do campo de observação do economista. O que no começo era uma simplificação metodológica necessária tende a transformar-se em obstáculo à própria percepção da natureza do problema.

Vejamos em termos concretos como se inter-relacionam as duas dimensões referidas do processo de desenvolvimento.

De um lado temos os aspectos percebidos pelo economista: aumento da quantidade de bens e serviços que à sua disposição tem uma coletividade em seu conjunto. De outro, temos o seguinte problema, mais geral: por que se produz determinada constelação de bens e não outra? Em benefício de quem se faz o desenvolvimento? Que relação existe entre a escala de preferências ordenadora da atividade econômica e a intensidade do desenvolvimento? Assim, ele não é simples questão de aumento de oferta de bens ou de acumulação de capital; possui ele um *sentido*, é um conjunto de respostas a um projeto de autotransformação de uma coletividade humana. Mesmo quando se trata de um fenômeno *induzido*, isto é, quando o fator dinâmico primário vem do exterior, o sentido do desenvolvimento decorrerá do projeto de autotransformação que se crie na coletividade, ou nos grupos que nela exerçam uma atividade política. O fator dinâmico externo não será jamais condição suficiente para o desenvolvimento.

O ponto de partida do estudo do desenvolvimento deveria ser não a taxa de investimento, ou a relação produto-capital, ou a dimensão do mercado, mas o horizonte de aspirações da coletividade em questão, considerada não abstratamente mas como um conjunto de grupos ou estratos com perfil definido. O desenvolvimento é a transformação do conjunto das estruturas de uma sociedade em função de objetivos que se propõe alcançar essa sociedade. O primeiro problema é definir o campo de opções que se abre à coletividade. Em seguida apresenta-se o problema de identificar, entre essas opções, as que se apresentam como *possibilidade política*, isto é, aquelas que, correspondendo a aspirações da coletividade, podem ser levadas à prática por forças políticas capazes de exercer um papel hegemônico no sistema de poder.

Definido em termos estritamente econômicos como elevação da produtividade do fator trabalho, ainda assim o desenvolvimento é um processo que apresenta muitas faces. Com efeito, o aumento de produtividade do trabalho pode ter três origens distintas: *a*) aumento da dotação de capital por trabalhador, *b*) modificação do processo produtivo, ou seja, elevação do nível tecnológico, e *c*) modificação na estrutura produtiva decorrente de alteração no perfil da demanda global. Evidentemente esses fatores atuam, quase sempre, de forma conjugada, mas a prevalência de um ou outro é de grande importância para que se possa captar a natureza do processo de desenvolvimento em questão. A acumulação de capital acompanha todas as formas de desenvolvimento e se pode dizer que ela é condição necessária — contudo, não é ela em si o fator primário responsável pelo desenvolvimento. A acumulação constitui mais um limite às possibilidades de desenvolvimento, ainda que na prática só excepcionalmente esse limite se comporte como freio efetivo. *Strictu sensu*, a acumulação é um simples ato de limitação do consumo presente em benefício do consumo futuro. Ela teria um alcance limitado se não estivesse ligada a um dos outros dois fatores responsáveis pelo aumento de produtividade.

O primeiro desses fatores é o progresso tecnológico, que permite aumentar a produtividade física dos fatores utilizados. O segundo traduz uma modificação estrutural decorrente de transformações no perfil da demanda. Exemplo da ação do primeiro fator é o avanço da produtividade industrial resultante da simples substituição dos equipamentos amortizados por outros mais eficazes, isto é, capazes de poupar matérias-primas ou mão de obra por unidade de produto. Exemplo do segundo é a expansão das plantações de café com fatores deslocados da agricultura de subsistência. A especialização, decorrente de modificação na demanda global, traz consigo elevação de produtividade. O mesmo se pode dizer com respeito ao crescimento mais que proporcional do setor industrial, no qual a produtividade da mão de obra é mais alta que no conjunto do sistema econômico. Neste último caso, é evidente que o aumento de produtividade pressupõe uma acumulação maior, pois o coeficiente de capital é maior no setor industrial. Contudo, o fator determinante é a modificação no perfil da demanda.

Se observamos o desenvolvimento econômico de uma perspectiva ampla, isto é, como um processo histórico que interessa e inclui todos os povos, constatamos que o progresso tecnológico nele desempenha o papel fundamental. É porque existe progresso tecnológico em certas áreas, que são os polos do desenvolvimento mundial, que a acumulação alcança os elevados níveis que conhecemos e que as alterações no perfil da demanda abrem caminho a significativas elevações de produtividade. Assim, se é possível ampliar a produção de café — o que significa elevar a produtividade econômica dos fatores na área interessada —, é porque a demanda desse produto está em expansão, o que reflete uma elevação do nível de renda em outras áreas; elevação que, em última instância, refletirá a assimilação do progresso tecnológico em algum polo da economia mundial. É evidente que o progresso tecnológico se apoia no processo de acumulação, o que não nos deve impedir de perceber que a acumulação teria um alcance muito limitado sem as possibilidades abertas pelo progresso tecnológico. Essa preeminência do progresso tecnológico é evidente quando observamos as modificações estruturais decorrentes de alterações no perfil da demanda. É porque se modifica esse perfil que recursos de terra e mão de obra, até então ociosos ou semiociosos, terão sua produtividade econômica elevada. Contudo, a alteração no perfil da demanda pressupõe uma elevação no nível de renda dos consumidores de café decorrente de aumento da capitalização, o qual, de forma direta ou indireta (caso se ampliem os horizontes de espaço e tempo da análise), implica elevação do nível tecnológico.

As observações que vimos de fazer são óbvias para um estudante de desenvolvimento econômico. O que é menos óbvio, entretanto, é que a ordenação desses fatores primários, responsáveis pelo desenvolvimento, tem variado de forma significativa no espaço e no tempo. Num esforço de simplificação, poderíamos definir o processo de desenvolvimento autônomo como aquele em que a ordenação dos fatores primários de impulsão seria a seguinte: progresso tecnológico → acumulação de capital → modificações estruturais decorrentes de alteração no perfil da demanda. No extremo oposto, teríamos o processo de desenvolvimento essencialmente dependente, no qual a sequência é inversa: modificações na composição da demanda → acumulação de capital → progresso tecnológico. Entre essas duas situações se ordenam as distintas situações concretas com que nos defrontamos no mundo contemporâneo: de um lado, os polos dominantes da economia mundial, do outro, as economias especializadas na exportação de uns poucos produtos primários. Entre os dois extremos, cabe evidentemente toda uma escala de situações intermediárias, que incluem desde um país altamente industrializado, mas que até recentemente dependia de tecnologia importada, como o Japão, até um país relativamente industrializado mas dependente da exportação de produtos primários, como o Brasil.

Vejamos como a ordenação dos fatores de impulsão do desenvolvimento se apresentou historicamente no Brasil. A industrialização da Europa ocidental, logo seguida pela dos Estados Unidos, vale dizer, a aceleração do progresso tecnológico e a acumulação de capital que a acompanhou, criaram uma demanda em rápida expansão de certos produtos primários, inclusive o café. Essa deslocação da curva da demanda projetou-se de forma ampliada na economia brasileira, cuja estrutura se modificou rapidamente. Fatores antes ociosos ou semiociosos encontraram ocupação remuneradora, elevando-se a produtividade média da economia. Essa ativação de fatores semiociosos permitiu um aumento da capitalização; em outras palavras: a reestruturação engendrava simultaneamente o investimento e a poupança. À medida que se intensificava o processo de capitalização, parte dos novos investimentos ia incorporando tecnologias mais avançadas, sob a forma de equipamentos importados. Assim, o sistema de transporte e outros elementos da infraestrutura tenderam a modernizar-se, o que teve consequências no conjunto das atividades produtivas, que se beneficiaram de economias externas. Dessa forma, a assimilação do progresso tecnológico passou a atuar como um novo fator de impulsão do desenvolvimento.

O que caracteriza uma economia dependente é que nela o progresso tecnológico desempenha papel subalterno. De uma perspectiva mais ampla, cabe reconhecer que o desenvolvimento de uma economia dependente é o reflexo do progresso tecnológico nos polos dinâmicos da economia mundial. Contudo, convém assinalar que o elemento dinâmico não é a irradiação do progresso tecnológico, e sim a deslocação da curva da demanda. Dessa forma, do ponto de vista do país dependente, o desenvolvimento surge como uma modificação na estrutura produtiva. Ora, a especialização em um setor da produção primária não exige necessariamente modificações nas técnicas de produção, razão pela qual pode-se admitir a hipótese de que a elevação de produtividade econômica ocorra na produção primária, sem que tenha lugar qualquer assimilação de progresso tecnológico. Este, entretanto, penetra na economia por meio dos investimentos infraestruturais e como reflexo da diversificação das formas de consumo.

A industrialização brasileira tem sido uma forma de desenvolvimento de tipo dependente: o fator dinâmico, também neste caso, se originou de modificações do perfil da demanda, cabendo à assimilação de novas técnicas produtivas um papel ancilar. O processo de industrialização no Brasil compreende duas fases bem definidas: a primeira, que se estende de fins do século XIX até 1929, teve como fator dinâmico principal a elevação do nível de renda causada pela expansão das exportações; a segunda, que se estende pelos três decênios seguintes, teve como causa primária as tensões estruturais motivadas pelo declínio da capacidade para importar.

3. FASES DA INDUSTRIALIZAÇÃO

A primeira fase pode ser observada com nitidez através do desenvolvimento da indústria têxtil. A especialização apoiada na exportação de produtos primários — café, borracha, cacau, etc. — permitira uma elevação da renda nacional e a expansão do mercado interno de produtos de consumo geral. Sendo todas as atividades de exportação altamente absorvedoras de mão de obra, o aumento das vendas ao exterior se traduzia, necessariamente, em aumento do poder de compra dos assalariados. Essa demanda era satisfeita, inicialmente, com produtos de importação e, numa segunda fase, com produção interna. A formação de um mercado interno é condição necessária mas não suficiente da industrialização. Um certo protecionismo desempenhou, por toda parte, papel fundamental nessa primeira fase.

No caso brasileiro, se bem que o protecionismo não haja assumido forma coerente, a instabilidade cambial desempenhou, em fases decisivas, o papel de linha complementar de defesa da indústria nacional. A produção têxtil brasileira passou de 22 milhões de metros, em 1885, a 242 milhões em 1905 e 522 milhões em 1921. Esse extraordinário crescimento foi possível porque existia um mercado interno, criado ao impulso do aumento das exportações. A instalação da indústria têxtil significava, é verdade, assimilação de uma tecnologia moderna. Contudo, o fator dinâmico era a existência de um mercado e não a assimilação dessa tecnologia. Por outro lado, a indústria têxtil, ao absorver mão de obra num nível de salários mais alto do que o que prevalecia no país, contribuía, também ela, para expandir o mercado interno. Assim, em 1921,

109 mil pessoas trabalhavam nessa indústria. Sua contribuição, contudo, terminava aí, uma vez que a indústria têxtil não possui poder germinativo. Utilizando, basicamente, uma matéria-prima agrícola e ligando-se diretamente aos consumidores, ela não cria economias externas para outras indústrias e, praticamente, prescinde de infraestrutura moderna. A partir do momento em que o mercado interno preexistente foi absorvido, o crescimento da produção têxtil passou a depender da expansão da demanda global, que tinha como fator dinâmico principal a expansão das exportações. Com efeito, já nos anos vinte o crescimento da indústria têxtil foi lento, não obstante sua capacidade de produção continuasse a aumentar. Em 1929, ela era de 30 a 40 por cento maior do que a do começo do decênio, mas a produção permanecia praticamente no mesmo nível. É sabido que a política cambial desse período contribuiu para reduzir a proteção à indústria têxtil. Contudo, o que importa frisar é que uma fase da expansão da indústria brasileira se havia encerrado.

As indústrias que, no quadro de um protecionismo passivo, haviam surgido no Brasil, desde o século XIX, não possuíam capacidade germinativa, permanecendo desarticuladas. De alguma maneira, elas eram complementares da atividade exportadora tradicional. Se esta se encontrava em expansão, o mercado interno crescia, o que favorecia as referidas indústrias. O crescimento industrial também ampliava o mercado interno, mas de forma apenas marginal. O desenvolvimento desse tipo de indústria se cumpria em duas fases: a primeira era de intenso crescimento, correspondendo à conquista do mercado preexistente; a segunda era de crescimento lento, reflexo da expansão da demanda global induzida pelo crescimento das exportações. Assim, a indústria têxtil aumentou sua produção quarenta vezes entre 1882 e 1915 e 30 por cento entre este ano e 1928.

Em sua segunda fase o processo de industrialização apresenta uma complexidade muito maior. Tem sido ele qualificado de substitutivo de importações, se bem que a fase anteriormente referida também apresentava essa característica, porquanto a demanda preexistia, sendo satisfeita mediante importações. O que verdadeiramente caracteriza a segunda fase são as tensões estruturais engendradas pelo declínio da capacidade para importar, tensões essas que podem impulsionar a industrialização caso se apresentem certas condições. A primeira delas é a existência de uma base industrial significativa, isto é, de um desenvolvimento industrial anterior. A segunda condição é que o mercado interno haja alcançado uma dimensão que comporte a diversificação imediata da atividade industrial. A terceira é que o país não seja essencialmente dependente da importação de alimentos e outras matérias-primas requeridas pela indústria de bens de consumo geral.

Se refletimos sobre tais condições, percebemos que a industrialização engendrada pela crise da capacidade para importar resultou ser a eclosão de um processo que teria ocorrido muito antes, caso o país houvesse conhecido uma política positiva e sistemática de industrialização. Em outras palavras: certos países, como o Brasil, possuíam virtualmente condições de industrialização que não se manifestavam à falta de uma política adequada. Absorvido pela política de valorização do café e pelos problemas ligados ao serviço da dívida externa, o governo não pôde perceber que se haviam criado no país, desde o começo do século XX, condições favoráveis a uma efetiva industrialização. É provável que a excessiva preeminência dos interesses cafeeiros na Primeira República seja responsável por essa miopia dos dirigentes do país. É esse um tema sobre o qual muito se pode discutir. Não resta dúvida, entretanto, de que esse atraso de um quarto de século na industrialização brasileira marcou definitivamente a história do país e está na base de grande parte dos problemas que hoje enfrenta.

A industrialização da segunda fase tem sido amplamente estudada e seu mecanismo tem sido exposto com minúcias.

Conforme vimos, da própria crise surgiu uma situação favorável à indústria nacional, particularmente às manufaturas que não dependiam de matérias-primas importadas. Assim, utilizando capacidade semiociosa ou trabalhando em dois turnos, a indústria têxtil aumentou a sua produção em 30 por cento, entre 1929 e 1932. Destarte, uma vez mais, coube a modificações no nível e na forma da demanda global abrir caminho ao processo de industrialização. Em razão do declínio da capacidade para importar e das amplas modificações ocorridas nos preços relativos em favor de produtos anteriormente importados, o processo de industrialização adquiriu, dessa vez, maior profundidade. A intensificação das atividades manufatureiras e a manutenção de um nível relativamente alto de investimentos públicos criaram forte demanda de materiais de construção, cuja produção tendeu a crescer rapidamente. Essa diversificação das atividades industriais se traduziu em uma modificação significativa na própria natureza do processo de industrialização. Nos países em que a industrialização se originou como um processo endógeno, a passagem do artesanato para a indústria se fez paralelamente ao desenvolvimento da indústria de máquinas têxteis, e este último ao da indústria metalúrgica; a modernização dos meios de transporte se fez paralelamente ao desenvolvimento da indústria de equipamentos modernos de transporte. Em outras palavras: a industrialização significou a criação de um sistema de produção, no qual as atividades industriais são interdependentes, desempenhando o intercâmbio externo um papel apenas complementar nesse processo. Num sistema industrial, certas indústrias produzem para a população consumidora e outras para as próprias indústrias. Neste caso, a produção inclui tanto produtos intermediários como equipamentos. Quanto mais complexo é um sistema industrial, maior é sua capacidade de autotransformação.

Ao ampliar-se a frente da substituição de importações, constitui-se a indústria, ela mesma, no fator de impulsão do desenvolvimento. Por um lado, a ampla absorção de mão de obra — trabalho em dois e três turnos em certas manufaturas —, por outro, o crescimento do mercado de produtos intermediários; e, por fim, as economias externas dinâmicas engendradas pela integração do sistema industrial: esses e outros fatores transformaram a atividade industrial no centro dinâmico da economia brasileira. Entre 1939 e 1949, a produção industrial cresceu numa taxa anual média de 7,2 por cento; entre 1949 e 1959, essa taxa se elevou a 8,5 por cento, e entre 1959 e 1964 a 9,7 por cento. Temos assim um quarto de século de crescimento industrial com uma taxa média de 8,3 por cento.

Seria equivocado imaginar que esse crescimento prolongado teve como causa básica tão somente o processo de substituição de importações. A ação governamental, fonte de amplos subsídios aos investimentos industriais, através da política cambial e de crédito, permitiu ampliar, acelerar e aprofundar o processo de industrialização. Sem a criação de indústrias básicas — siderurgia, petróleo — pelo governo e sem os subsídios cambiais e as taxas negativas de juros dos empréstimos oficiais, a industrialização não teria alcançado a velocidade e a amplitude que conheceu durante esse quarto de século. Contudo, o fator dinâmico principal foi o processo de substituição de importações.

Basta observar a participação das importações na oferta de bens industriais para formar-se uma ideia da amplitude desse processo. Em 1949 já se havia cumprido uma primeira fase, isto é, os bens de consumo corrente, não duráveis, haviam sido praticamente substituídos. Nesse ano as importações contribuíram com apenas 4 por cento para a oferta interna total, ao passo que nos produtos intermediários a contribuição externa era de 25 por cento, e nos bens duráveis de consumo e bens de capital essa contribuição alcançava 60 por cento. Em 1959, a participação das importações na oferta de bens duráveis de consumo estava reduzida a 6 por cento, a dos bens intermediários a 12 por cento e a dos bens de capital a 33 por cento. Na metade do decênio dos sessenta o sistema industrial brasileiro havia atingido um grau de integração excepcionalmente elevado. A participação das importações, quanto a produtos intermediários, era inferior a 10 por cento, e quanto a bens de capital não alcançava 20 por cento. A amplitude do processo de industrialização ocorrido no Brasil se evidencia quando se tem em conta que, entre 1949 e 1964, a produção industrial brasileira multiplicou-se por 3,5, ao passo que a importação de produtos industrializados diminuiu em 30 por cento. A participação das importações na oferta total de produtos industriais reduziu-se, nesses 15 anos, de um quinto para um vigésimo.

Cabe, portanto, reconhecer que a segunda fase do processo de industrialização a que fizemos referência — gerada pelas tensões estruturais que acompanharam o declínio da capacidade para importar — permitiu a formação de um sistema industrial com um grau elevado de integração. Contudo, é necessário ter em conta que, tratando-se de uma industrialização substitutiva de importações, os investimentos se vinham fazendo em função de uma demanda preexistente, mesmo que esta se apresentasse em estado virtual, em razão das restrições impostas às importações. Em outras palavras: os investimentos se orientavam para a satisfação de uma demanda reprimida. Mais uma vez, a assimilação do progresso técnico era o reflexo da ação de outros fatores dinâmicos e não a causa primária do desenvolvimento. Em segundo lugar, convém recordar que grande parte dos investimentos, nessa segunda fase da industrialização, decorreu da implantação no país de filiais de empresas estrangeiras, que anteriormente controlavam o mercado através de exportações. A industrialização assumira a dupla forma de diferenciação do sistema produtivo e de implantação de empresas, cujo centro de decisões estava no exterior.

CAPÍTULO IV As estruturas econômicas latino-americanas

1. AS ESTRUTURAS TRADICIONAIS

No estudo do desenvolvimento econômico da América Latina, toma-se como ponto de partida a inserção das economias nacionais nos mercados mundiais, inserção essa ocorrida, na quase totalidade dos casos, na segunda metade do século XIX. As características da realidade social e política latino-americana são ignoradas na maioria desses estudos, que se limitam a uma análise dos fatores econômicos pertinentes, sobretudo aqueles relacionados com o comércio exterior e com as finanças públicas. Ocorre, entretanto, que, embora as variáveis econômicas possam ser definidas por conceitos derivados de princípios gerais de economia, o comportamento dessas variáveis está condicionado por parâmetros institucionais, cujo conhecimento exige um estudo específico da realidade social. No caso latino-americano, essa realidade social apresenta peculiaridades, e sem conhecê-las dificilmente se conseguiria explicar o comportamento do sistema econômico.

Em uma apresentação esquemática da organização social que veio a prevalecer na América Latina, como resultado da colonização hispânica, cabe destacar dois traços predominantes: *a*) existência de um setor urbano, através do qual se exerce o poder, que na fase colonial tinha seus centros de decisão superiores nas respectivas metrópoles europeias; *b*) adjudicação dos fatores de produção — terra e mão de obra indígena, onde esta existia — a uma classe de senhores ligados ao poder central por vínculos de lealdade pessoal.[28]

O processo de colonização traduzia-se na criação de uma cadeia de núcleos urbanos de dimensões e significação variáveis, que constituíam a estrutura básica do poder político e da organização administrativa. Ao lado dessa rígida estrutura administrativa responsável pela defesa dos interesses da Metrópole, formava-se um sistema econômico altamente descentralizado, sob a direção de uma classe com prerrogativas senhoriais. Nas brechas desse sistema rigidamente estruturado surgiram atividades comerciais, ocasionalmente apoiadas no contrabando, que abriram caminho para a formação de um grupo social urbano com certo poder econômico. Fenômeno similar ocorreu onde uma atividade altamente lucrativa pôde ser exercida fora do controle da classe de proprietários da terra, como no caso da mineração aluvial do ouro. O que importa assinalar é que as atividades lucrativas exercidas fora do controle dos grandes senhores estavam vinculadas aos núcleos urbanos e eram dirigidas por homens cuja lealdade ao poder metropolitano era muito menos estrita. Dessa forma, pelo processo de colonização, foi-se formando uma classe dirigente constituída por dois grupos com interesses distintos mas não necessariamente conflitantes. De um lado, o grupo

---

[28]Nas colônias espanholas esse vínculo pessoal assumiu inicialmente a forma da *encomienda*, que investia o colonizador de responsabilidades públicas, como a coleta de impostos e a evangelização de índios. No Brasil, por caminhos distintos, o grande senhor de terras assumiu responsabilidades semelhantes.

de senhores da terra, com amplos poderes sobre os núcleos de população que habitavam em seus domínios; do outro, aqueles elementos cuja riqueza derivava do comércio e de outras atividades de caráter principalmente urbano. A permanente confrontação de "conservadores" e "liberais", que se prolonga durante todo o primeiro século da independência política, traduz de alguma forma essa dicotomia de atitudes da classe dirigente formada no período colonial.

Sendo um instrumento de dominação do poder metropolitano, exercido à distância sobre uma sociedade em que prevaleciam certas formas extremadas de descentralização, o Estado se configurou na época colonial como uma forte burocracia, que veio a constituir um dos elementos essenciais da estrutura social urbana. Como intermediária na obtenção de prebendas adjudicadas pelo poder metropolitano e, mais tarde, como criadora ela mesma dessas prebendas, a estrutura político-burocrática possuía um forte ascendente na sociedade, razão pela qual o seu controle era arduamente disputado pelas facções da classe dirigente. Com o tempo, o próprio desenvolvimento da estrutura burocrática daria origem a um novo segmento social de classe média, que, em razão da penetração que possuía no aparelho de Estado, veio a transformar-se em elemento essencial do sistema de poder.

Não resta dúvida de que a explicação da rapidez com que se fez a inserção das economias latino-americanas nas correntes do comércio internacional, na segunda metade do século XIX, deve ser buscada no próprio dinamismo das economias capitalistas avançadas da época. Tratava-se, em última instância, de uma deslocação da fronteira econômica europeia. Contudo, a pronta resposta latino-americana somente se explica tendo em conta a dicotomia interna existente na classe dirigente da região. O grupo liberal, formado principalmente por elementos urbanos, estava aberto às influências externas. Enquanto o grupo de senhores da terra conseguia expandir o seu poder por crescimento vegetativo, ocupando novas terras e coletando recursos da população que nelas se ia instalando, o grupo urbano dependia essencialmente das relações econômicas exteriores para sobreviver. Cabia-lhe a dupla função de descobrir novas linhas de comércio e de atuar sobre o interior com meios financeiros — e outros meios — para induzir à produção daquilo que tinha viabilidade de comercialização. Em alguns casos, tratava-se de introduzir culturas exóticas na região, ou de correr riscos na fase inicial, o que só podia ser feito por elementos com conhecimento direto das possibilidades que os mercados externos ofereciam.

Para explicar a influência que alcançou esse grupo liberal, em uma sociedade fundamentalmente agrária, de tipo senhorial, é necessário ter em conta as características da organização política dessa sociedade, em que o aparelho burocrático organizado pelo Estado passou, desde cedo, a desempenhar um papel relativamente autônomo. Sob a influência dos grupos liberais — aos quais se incorporavam muitos dos elementos mais dinâmicos do setor agrário — o Estado desempenhou um importante papel na fase de transição da sociedade semi-isolada para uma crescente integração com a economia capitalista europeia em rápida expansão. Um exemplo típico dessa ação estatal foi o financiamento pelo governo brasileiro da grande imigração europeia que possibilitou o desenvolvimento da cultura do café no último quartel do século XIX.

Em síntese, a extraordinária rapidez do processo de desenvolvimento *para fora* encontra explicação, do lado da América Latina, na ação convergente dos seguintes fatores: *a*) disponibilidade de recursos primários num sistema econômico de tipo pré-capitalista; *b*) existência de um segmento da classe dirigente com motivação inovadora, isto é, orientado para a criação de novas linhas de exportação e produção; *c*) existência de um aparelho estatal suficientemente articulado para servir de instrumento ao referido grupo dirigente.

A economia colonial agrícola latino-americana teve como ponto de partida a grande empresa com vistas à criação de um excedente que se exportava, no caso de alguns produtos tropicais, ou que se destinava às zonas mineiras ou aos núcleos urbanos. As transformações por que passou esse tipo de organização econômica devem ser tidas em conta se pretendermos compreender a estrutura social que veio a prevalecer na região. Ali onde o impulso dinâmico inicial surgira da mineração, a decadência dessa atividade acarretou a atrofia dos mercados anteriormente absorvedores dos excedentes agrícolas. No caso das linhas de exportação agrícola, eventualmente surgiram áreas produtoras concorrentes, ou por estarem geograficamente mais bem situadas ou politicamente mais bem protegidas. Assim, a economia açucareira do Nordeste brasileiro sofreu, já no século XVII, a forte concorrência dos produtores situados nas Antilhas inglesas e francesas, mais próximos da Europa e protegidos nos seus grandes mercados metropolitanos. Dessa forma, circunstâncias várias contribuíram para reduzir a importância relativa do excedente comercializado fora da unidade agrícola, que ia perdendo suas características de empresa para transformar-se, mais e mais, em uma unidade economicamente isolada. Assim, a plantação densamente capitalizada, em que a mão de obra escrava ou semiescrava era intensamente utilizada, tendeu a ser substituída por sistemas mistos de organização agrícola, nos quais cabia a cada trabalhador a responsabilidade de produzir seus próprios alimentos. Ali onde essas transformações se cumpriram cabalmente a unidade agrícola fragmentou-se, dando lugar a uma multiplicidade de unidades de dimensões familiares, transformando-se a antiga "fazenda" em uma superestrutura coletora da renda da terra e centralizadora das atividades comerciais.

Para compreender o tipo de organização econômico-social que se formou na América Latina é necessário ter em conta que, embora a colonização tenha se processado em condições de oferta ilimitada de terras, todas aquelas que podiam ser utilizadas para produção de um excedente econômico eram automaticamente transformadas em propriedade privada de uma pequena minoria. Assim, a abundância de terras assegurava meios de subsistência à população, cujo crescimento vegetativo não encontrava limites por esse lado. No entanto, todo aquele que trabalhava a terra deveria, em princípio, pagar um tributo a um membro da classe dos proprietários. Quando as possibilidades de comercialização de um excedente eram limitadas, o pagamento do tributo assumia outras formas, tais como prestação de serviços domésticos, ajuda na guarda das propriedades, obras de melhoria, construções, etc.

A economia agrícola pré-capitalista, que prevaleceu na América Latina, assumiu as formas mais variadas, desde a comunidade indígena semifechada com propriedade coletiva da terra até as grandes fazendas. Estas últimas formam um sistema de organização social que confere a seus donos o direito de se apossarem de pelo menos metade da produção daqueles que trabalham nessa terra. Se deixarmos de lado as comunidades indígenas semifechadas, simples resíduos de sistemas de cultura anteriores à penetração europeia, comprovamos que a característica comum da economia pré-capitalista regional é o controle do fator básico de produção — a terra — por uma pequena minoria vinculada aos centros do poder político.[29] Em princípio, a terra podia ser considerada de oferta ilimitada e, a partir de certa distância dos centros de comercialização, também podia ser vista como um bem livre. Contudo, o homem que trabalhava a terra, vista como um bem livre, por definição estava incapacitado para criar um excedente comercializável, pois não se beneficiava de quaisquer economias externas. Como a própria subsistência do trabalhador agrícola dependia de que ele pudesse comercializar parte de sua produção, a fim de capacitar-se para obter no mercado sal, combustível e outros bens imprescindíveis ao seu padrão de cultura, explica-se que ele preferisse fixar-se em terras beneficiadas pelas economias externas, ainda que isso o obrigasse a dividir com o proprietário a sua produção.

No sistema econômico cujo marco social vimos de esquematizar, do ponto de vista do fazendeiro, ou dos fazendeiros considerados em conjunto, a terra constitui sempre um fator de oferta ilimitada, cujo grau de utilização depende da disponibilidade de mão de obra. Não se coloca, portanto, o problema dos rendimentos decrescentes que condicionou o

---

[29] Em certas regiões essas comunidades indígenas eram "cativas" de uma grande propriedade, reproduzindo-se em escala maior a relação da unidade familiar com o proprietário da terra.

desenvolvimento agrícola em outras partes. A produtividade marginal do trabalho é sempre positiva, ou seja, o trabalhador marginal produz pelo menos o suficiente para se manter e à sua família. Como o excedente criado por uma família permite, em geral, manter outra, se está em expansão a oferta de mão de obra é fácil desbravar novas terras, preparar pastagens, implantar novos cultivos, preparar caminhos de acesso, etc. As fazendas das regiões de economia pré-capitalista estão permanentemente com "escassez" de mão de obra. Com efeito, cada família nova que se incorpora deve gerar um incremento do excedente global que reverte em benefício do proprietário da terra. Como cabe a cada família cuidar de sua própria subsistência, a admissão de novas famílias naquelas terras não envolve qualquer aumento de custos para a administração da fazenda. Por outro lado, mesmo que o novo agricultor venha a produzir um excedente bem inferior à média preexistente, sua incorporação constitui uma vantagem para o proprietário. Dessa forma, a organização de uma economia pré-capitalista em condições de oferta ilimitada de terra, sendo a terra propriedade de uma pequena minoria, transforma a mão de obra em um fator escasso, sem que isso contribua para elevar os salários reais acima do nível de subsistência. Observado o problema de outro ângulo: não existindo fontes alternativas de emprego para a população, a pequena minoria que controla a terra está capacitada para coletar um tributo de todos os que trabalham terras beneficiadas por economias externas. Considerado o mesmo problema do ponto de vista de suas consequências sociais, comprova-se que tal organização econômica gera um sistema de distribuição de renda em que uma fração substancial (de 50 a 60 por cento dessa renda) se concentra em mãos de uma minoria, que dificilmente alcança 5 por cento da população. No quadro social referido, a propriedade da terra é acima de tudo a base de um sistema de poder.

Houve casos na América Latina em que, como resultado de uma ruptura no sistema político provocada por fatores exógenos, eliminou-se bruscamente a propriedade da terra. Um bom exemplo é dado pela liquidação das missões jesuíticas, proprietárias de grandes extensões de terras, particularmente no Paraguai. Em decorrência desse cataclisma político, as terras antes propriedade da Ordem passaram ao controle daqueles que tinham sua posse, desaparecendo a renda como instrumento de captação de um excedente econômico. A terra passou, assim, a ser um bem livre.

A eliminação da renda da terra, nas condições acima descritas, tem como consequência o fortalecimento da posição dos intermediários capacitados para comercializar a parte da produção que o agricultor não consome diretamente. O excedente tende, dessa forma, a deslocar-se das mãos da antiga classe proprietária para o domínio da classe comerciante. Contudo, o agricultor ganha uma capacidade de manobra que pode determinar importantes modificações no sistema de organização da produção e na forma de distribuição da renda. Enquanto que em suas relações com o proprietário da terra não lhe ficava alternativa a não ser entregar parte substancial do que produzia, agora poderá optar pela redução da parte comercializável de sua produção agrícola, produzindo mais para autoconsumo; dedicando-se a atividades artesanais não agrícolas, melhorando sua moradia, etc. Para defender-se da manipulação de preços por parte dos intermediários, tratará de diversificar a produção para consumo próprio, isolando-se o mais possível do mercado. Para o conjunto da economia, o resultado terá de ser um declínio relativo da atividade comercializável e um retrocesso nos padrões de divisão social do trabalho. Entretanto, isso não impedirá que se eleve o nível de vida da população trabalhadora rural, em face de modificações substanciais no sistema de distribuição da renda. Com efeito, é fato de observação corrente que, em certas áreas agrícolas da América Latina onde é pequeno o grau de comercialização da produção, o nível de vida da população é relativamente alto.

Consideremos agora uma situação similar à anteriormente descrita, isto é, de eliminação da classe de proprietários de terra como decorrência de um cataclisma político, mas em fase subsequente, após um longo período de crescimento da população. A evolução do Haiti exemplifica, até certo ponto, esse caso. A pressão demográfica sobre a terra, transformada em fator escasso, obrigará os agricultores a buscar linhas de produção que possibilitem uma utilização mais econômica dos solos. Sem esse esforço de especialização, a população teria de baixar seus padrões de vida a níveis capazes de frear o seu crescimento. A única alternativa a um equilíbrio malthusiano desse tipo — excluída a possibilidade de modificações tecnológicas geradas endogenamente — é a integração numa economia de mercado, o que permite à classe de intermediários recuperar ou aumentar a sua influência. Em tais condições, a classe comerciante tenderá a assumir papel idêntico, no sistema econômico e social, ao anteriormente desempenhado pelo grupo de proprietários da terra.

2. A IMPORTÂNCIA DOS FATORES EXÓGENOS

Até meados do século XIX, a base das economias latino-americanas se constituía, predominantemente, de sistemas de tipo pré-capitalista com as características gerais que acabamos de esboçar. A abundância de terras permitia o crescimento regular da população. Não existe, entretanto, qualquer indicação de que a produtividade do trabalho se haja elevado de forma significativa em nenhuma área da região. A revolução tecnológica nos meios de transporte marítimo, a penetração das manufaturas inglesas que iam modificando os padrões de consumo de certos segmentos da população, as novas possibilidades criadas nos mercados europeus na fase mais avançada do desenvolvimento capitalista, em que os padrões de vida das massas começavam a elevar-se, assim como o exemplo do rápido desenvolvimento dos Estados Unidos — esses e outros fatores fizeram surgir uma atitude "progressista", principalmente nas regiões em que as classes urbanas possuíam maior expressão social. Em alguns países essa atitude progressista levou os governos a tomar a iniciativa da promoção de importantes investimentos infraestruturais, financiando-os com empréstimos externos, ou ainda a cobrir todos os gastos do traslado de grandes massas de imigrantes europeus atraídos para a região. Esses grupos populacionais europeus tenderam a concentrar-se geograficamente e contribuíram para intensificar o processo de urbanização e modificar os hábitos de consumo.

Conforme já assinalamos, a rapidez do processo de inserção das economias latino-americanas nos mercados mundiais, a partir da segunda metade do século XIX, encontra sua explicação na convergência de fatores exógenos e endógenos. No caso da indústria mineira os exógenos tiveram, sem dúvida, importância predominante. Outras vezes a ação exógena surgia em fase mais avançada, ligada à exportação de capital financeiro ou equipamentos, à introdução de novas técnicas e à criação de economias externas por meio de instalação de portos, estradas de ferro ou serviços públicos urbanos. Todas essas transformações ocorriam, entretanto, sob o impulso do crescimento das exportações, cuja característica fundamental era o fato de que elas se apoiavam em um novo sistema de organização da produção, que passou a coexistir, em cada país, com a economia pré-capitalista. No caso dos países exportadores de minérios, o dualismo dos sistemas econômicos era particularmente óbvio, pois a economia de exportação estava, em geral, geograficamente isolada. Nos países exportadores de produtos agrícolas o dualismo era menos visível, mas nem por isso menos real, pelo menos na fase inicial. No Brasil, a produção de café, de cacau, de borracha e dos demais produtos de exportação, com exceção apenas do açúcar, foi organizada em terras anteriormente não utilizadas, exigindo importante deslocação de população.

Quando se têm em conta as características referidas da economia pré-capitalista que prevalecia na região, compreende-se que a nova economia de exportação se tenha organizado à margem da estrutura econômica tradicional. O grande domínio agrícola, conforme observamos, se transformara progressivamente numa instituição básica da estrutura social e política e desempenhava cada vez menos funções de caráter predominantemente econômico. Cabia-lhe, principalmente, a função de extrair um excedente da população trabalhadora agrícola, de organizar a segurança e de criar algumas economias externas. Na estrutura social e política representada pelo grande domínio, o trabalhador isolado, utilizando mão de obra familiar, se configurava mais e mais como a unidade básica de produção. Em tais circunstâncias, é natural que a classe de proprietários da terra se distanciasse de tarefas diretamente ligadas ao processo produtivo para preocupar-se com outros tipos de atividades de caráter social e político. A atitude empresarial, que possibilitou o rápido desenvolvimento das linhas de exportação, teve origem entre comerciantes que operavam nos centros urbanos. Aí é que surgiam os indivíduos que "descobriam" novos horizontes econômicos, fosse testando a capacidade de absorção de mercados externos, fosse induzindo grupos de agricultores a cultivar um produto com perspectivas favoráveis nos mercados externos. Uma vez feita a "descoberta" era natural que se multiplicassem as iniciativas, dando início a um período de especulação de terras favoravelmente situadas e capazes de apresentar altos rendimentos agrícolas. A deslocação de populações, atraídas pelos salários mais altos e pela miragem de um fácil enriquecimento que a fortuna de uns poucos transformava em legenda, ocorria espontaneamente. O avanço da fronteira do café, no norte do Paraná brasileiro, constitui exemplo desse processo de rápida criação de uma nova agricultura sob o estímulo dinâmico da demanda externa.

A agricultura de exportação, organizada em empresas de tipo capitalista, tendeu a concentrar-se em certas áreas, de acordo com os produtos em que se especializava, o que facilitou a construção da infraestrutura requerida para sua expansão e ligação aos mercados externos. A absorção de mão de obra, supondo-se uma demanda externa totalmente elástica a determinado nível de preços, passava a ser definida pela disponibilidade de terras de adequada localização e qualidade, pela produtividade física dessa mão de obra e pela taxa de salário real, que devia ser mais alta do que a remuneração obtida pelo trabalhador na agricultura de subsistência.

Ao fixar uma taxa de salário superior a essa remuneração, o setor exportador assegurava para si uma oferta totalmente elástica de mão de obra. Com efeito, a velha agricultura funcionava como um reservatório de mão de obra; enquanto não se esgotasse, o setor exportador gozaria de oferta ilimitada do fator trabalho num nível de salário basicamente definido pelas condições de vida que prevaleciam no setor pré-capitalista. Fosse o nível de vida, no âmbito da economia pré-capitalista, relativamente elevado — como ocorre onde há terras de boa qualidade, e o trabalhador não paga renda —, o desenvolvimento de uma agricultura de exportação enfrentaria maiores obstáculos.

O caso da expansão cafeeira no Brasil constitui exemplo típico de combinação de uma grande abundância de terras de boa qualidade e bem localizadas, com uma oferta ilimitada de mão-de-obra com salários relativamente baixos. O limite à expansão da produção teria de ser a saturação dos mercados internacionais. Ainda que sem as características dramáticas que as dimensões emprestam ao caso do café no Brasil, a experiência latino-americana, na fase clássica de expansão das exportações, seguiu, de maneira geral, as mesmas linhas básicas. A terra surge sempre como um fator abundante e a oferta de mão de obra apresenta uma elevada elasticidade, com salários relativamente baixos. O equilíbrio entre oferta e demanda vai se fazendo graças a uma sequência de crises de superprodução, o que explica em parte a tendência à deterioração dos termos de intercâmbio que se observa a longo prazo.

3. A INDUSTRIALIZAÇÃO PERIFÉRICA

Fizemos referência ao fato de que a nova agricultura, desenvolvida sob o impulso da demanda exterior, se beneficia de uma oferta ilimitada de mão de obra com salários relativamente baixos, definidos pelas condições de vida que prevalecem no setor pré-capitalista. Pode ocorrer, entretanto, que este setor apresente dimensões relativamente reduzidas, do ponto de vista da mão de obra aí empregada, e que seja grande a disponibilidade de terras de qualidade e localização adequadas a uma rápida expansão da agricultura de exportação. Foi este, exatamente, o caso da Argentina, cuja inserção nos mercados internacionais operou-se com extraordinária rapidez. Em tais condições, é de se esperar que ocorra um esvaziamento da agricultura pré-capitalista em tempo relativamente curto, sendo todos os fatores incorporados à nova agricultura organizada por empresas capitalistas.

Uma vez absorvido o setor pré-capitalista, o mercado de trabalho estará unificado. Sendo assim, a taxa de salários já não será função dos padrões estabelecidos neste setor, devendo elevar-se com a produtividade, a exemplo do que ocorre em qualquer economia capitalista em que a mão de obra é fator de oferta limitada. Ao alcançar a taxa de salário determinado nível, pode-se viabilizar um influxo significativo de mão-de-obra estrangeira. A corrente imigratória possibilitará um maior desenvolvimento do setor exportador e, por algum tempo, deterá a tendência à elevação dos salários. Contudo, introduzirá no país novos hábitos de consumo e, sendo de origem europeia, novas atitudes sociais que conduzam a formas de organização do trabalho mais avançadas, graças às quais se reduzirá a possibilidade de reversão a formas pré-capitalistas.

Quanto aos países em que o setor pré-capitalista desapareceu como reservatório de mão de obra e em que as taxas de salário passaram a fixar-se de acordo com as condições prevalecentes em um mercado de trabalho basicamente unificado, cabe afirmar que se cumpriu plenamente a transição para uma estrutura capitalista. As economias desses países — Argentina e Uruguai constituem os dois únicos exemplos na América Latina — não podem ser consideradas subdesenvolvidas, sempre que o conceito de subdesenvolvimento esteja ligado à ideia de um dualismo estrutural. Eliminado esse dualismo, o mercado de trabalho já não se diferencia qualitativamente dos mercados dos demais fatores de produção. Em tais condições é de se esperar que os salários pagos na agricultura se aproximem daqueles pagos nas indústrias e serviços, tendendo a desaparecer a grande disparidade de condições de vida entre populações urbanas e rurais, característica principal dos países tipicamente subdesenvolvidos.

As economias que desenvolveram linhas de exportação de produtos minerais também apresentam certas peculiaridades que merecem destaque. O processo de inserção no mercado internacional cria, nesse caso, um profundo dualismo nas estruturas produtivas, pois o setor exportador apresenta uma elevada dotação de capital por trabalhador e um alto nível de produtividade da mão de obra, sem contudo absorver mais que uma pequena fração da força de trabalho. A profunda disparidade dos níveis de produtividade setorial permite que o coeficiente de exportação, isto é, a participação das exportações no produto, se eleve a 25 ou 30 por cento, se bem que o setor que produz para a exportação empregue menos de 5 por cento da população ativa.

Em tais casos, a capacidade fiscal do governo aumenta substancialmente e uma de suas múltiplas consequências secundárias é a intensificação do processo de urbanização. A absorção de mão de obra no setor mineiro exportador e o crescimento urbano criam a necessidade de maiores excedentes agrícolas, sem que esse impulso seja suficiente para acarretar transformações na estrutura agrária. Se a agricultura de exportação abre caminho à penetração da empresa capitalista, é que por sua especialização proporciona uma elevada rentabilidade, mesmo sem a introdução de maiores avanços técnicos. No caso de uma simples expansão do mercado interno, não existe a possibilidade dessa especialização, razão pela qual a empresa capitalista deveria apoiar-se desde o começo, para competir com os excedentes provenientes da economia tradicional, em avanços técnicos significativos. Contudo, em face das condições favoráveis do setor externo, o mais provável é que a demanda adicional de alimentos seja atendida total ou parcialmente pelas importações. Dessa forma, um elevado coeficiente de exportação pôde ser alcançado em vários países latino-americanos — a Bolívia do período pré-revolucionário constituía um exemplo extremo — sem que o setor agrícola apresentasse qualquer modificação significativa. Pelo contrário: a valorização dos excedentes criados pela agricultura tradicional tende a traduzir-se em elevação da renda da terra, permitindo que os seus proprietários aumentem a sua participação na renda e consolidem a sua posição no sistema de poder. Durante o período formado pelo último quartel do século XIX e os primeiros decênios do XX, ocorreram condições favoráveis ao desenvolvimento de diversas linhas de exportação latino-americanas, beneficiando, ainda que de forma desigual, a quase totalidade dos países da região. No conjunto dessa área, as exportações já representavam, por volta de 1930, cerca da quinta parte do produto bruto. Mesmo tendo em conta que um terço da renda gerada pelas exportações permanecia fora da região, cabe reconhecer que as economias latino-americanas haviam conseguido um grau de inserção num sistema de divisão internacional do trabalho excepcionalmente elevado. Contudo, é fato de significação iniludível que, não obstante essa elevada inserção — mais de um terço da atividade econômica estava vinculada ao setor externo, fosse por intermédio das exportações, fosse pelas importações —, o setor pré-capitalista conservava uma importância relativa muito grande em quase todos os países da área. Sendo a mão de obra um fator de oferta ilimitada nos setores produtivos não incluídos na economia pré-capitalista, eram eles que permitiam o crescimento dos sistemas econômicos, sem que ocorressem maiores modificações nas funções de produção desses setores. Assim, a produção por unidade de insumo crescia para o conjunto da economia, mas se mantinha estável em cada setor produtivo. Vale dizer: o sistema econômico ia mudando a sua estrutura sem necessitar absorver inovações tecnológicas. Evidentemente, ali onde se utilizavam equipamentos, sendo estes importados, tais inovações iam sendo absorvidas passivamente e não como decorrência de decisões deliberadas. Na agricultura, essa penetração automática de inovações tecnológicas teria de ser extremamente limitada, pelo simples fato de que no processo de formação de capital incorporavam-se quantidades escassas de equipamentos.

A crise mundial de 1929 e a depressão prolongada que se seguiu encerraram para grande parte da região o período de avanços na inserção no sistema de divisão internacional do trabalho. Iniciou-se, então, um processo de reversão, pelo qual a maioria das economias nacionais da região teve, por outro modo, de reduzir o seu coeficiente de inserção no mercado mundial. Esse processo de "fechamento" assumiu duas formas. A primeira consistiu simplesmente em reversão dos fatores antes utilizados em atividades dependentes do setor externo ao âmbito da economia pré-capitalista, na agricultura ou no artesanato. A segunda consistiu na industrialização. As duas formas ocorreram em graus distintos por toda parte, mas o êxito da industrialização foi muito irregular, o que facilmente se explica levando em conta que ela se apoiava em mercados internos de dimensões muito desiguais. Em uns poucos países o impulso dado à economia nacional pela industrialização permitiu que esta alcançasse, ainda que em períodos limitados, taxas de crescimento relativamente altas, iguais ou superiores àquelas atingidas na fase do crescimento das exportações.

A industrialização latino-americana assumiu a forma de um processo de substituição de importações. Trata-se, na realidade, de um processo de modificação da estrutura produtiva, que permite reduzir a participação das importações na oferta global sem reversão para a economia pré-capitalista. Reduzem-se ou eliminam-se certos itens das importações — substituídos no mercado por produção interna — e ampliam-se aqueles itens de substituição mais difícil. Como a um só tempo reduz-se o coeficiente de importações e amplia-se a renda *per capita*, a composição da demanda interna tende a modificar-se, o que exige maiores alterações na estrutura da oferta do que as ocorridas ao se iniciar o processo substitutivo. O tempo requerido para que a oferta interna se adapte às modificações na composição da demanda — tempo que muitas vezes é ampliado por obstáculos institucionais — dá origem a pressões inflacionárias, particularmente quando o setor externo apresenta pouca ou nenhuma flexibilidade.

Consideremos o caso de um país em que, no ano de 1929, as exportações representavam cerca do quinto do produto bruto e as importações contribuíam com cerca de 60 por cento da oferta de manufaturas. Em razão da baixa de preços e da contração da demanda externa, provocadas pela depressão, a capacidade para importar é reduzida em 50 por cento. As exportações estão formadas por produtos agrícolas e interessam a um grande número de produtores, o que induz o governo a agir comprando o excedente da produção exportável, mediante expansão dos meios de pagamento e modificação da taxa de câmbio, de forma que as duas medidas conjugadas permitam manter a renda monetária do setor exportador. A estrutura da demanda global deverá acomodar-se em um nível substancialmente mais baixo de importações. Para absorver parte da pressão exercida sobre as importações pela expansão dos meios de pagamento, o governo introduzirá elevações de tarifas incidentes sobre certas manufaturas que já vinham sendo produzidas internamente de forma incipiente.

A contração das importações, a modificação na taxa cambial, a expansão de crédito para financiamento de estoques e a elevação de tarifas tendem a determinar uma série de modificações na estrutura de custos. A ação desses fatores e a luta dos diferentes grupos em defesa de sua renda real determinarão as mudanças nos preços relativos e na distribuição da renda que compatibilizarão a composição da demanda e a estrutura da oferta. O reajustamento final terá de produzir, entretanto, uma elevação geral de preços e um aumento relativo nos preços dos bens importados. É natural, portanto, que a posição competitiva das manufaturas de produção interna melhore substancialmente com a elevação de seus preços relativos. Como a taxa de salários no setor industrial se mantém estável, é de se esperar que a taxa de lucros nesse setor se eleve. Em tais condições, e considerando-se a existência de uma oferta ilimitada de mão de obra, é natural que os industriais procurem trabalhar em dois e três turnos, o que poderá ser feito mediante reduzidas inversões complementares. A relação produto-capital tenderá, em consequência, a crescer fortemente.

A elevação na taxa de lucro e a consequente concentração da renda teriam que impulsionar a demanda de bens duráveis de consumo, importados na sua totalidade. Contudo, cabe admitir que na primeira fase do processo de industrialização substitutiva essa tendência possa ser anulada pelo efeito-preço, em razão da forte elevação dos preços relativos de tais produtos. Se classificarmos as importações em três grupos — equipamentos e produtos intermediários, bens duráveis de consumo e bens não duráveis de consumo —, é de se supor que o efeito sobre a demanda da elevação dos preços relativos (decorrente das desvalorizações) seja mínimo com respeito ao primeiro grupo e máximo quanto ao terceiro. Em razão da elevação da taxa de lucros, os industriais procurarão importar equipamentos e bens intermediários, a despeito da elevação dos preços desses itens; por outro lado, a concentração da renda determinada pelo próprio mecanismo do desenvolvimento capacita as classes de altas rendas a enfrentar a subida dos preços dos bens duráveis importados. Sendo assim, é natural que a redução das importações tenda a concentrar-se no grupo das manufaturas de consumo não durável. É a concentração da pressão neste setor que cria as condições favoráveis ao processo de substituição de importações.

A industrialização nas condições referidas requer um esforço de adaptação do sistema econômico à redução da participação das importações na oferta global. Uma vez esgotadas as possibilidades de substituições de bens de consumo não duráveis, particularmente em sua fase final de manufatura, a manutenção da taxa de investimento terá de acarretar pressão crescente sobre a balança de pagamentos, devendo os preços relativos dos bens duráveis de consumo e dos equipamentos continuarem a elevar-se. Como o encarecimento dos equipamentos tende a afetar negativamente a taxa de investimento, a economia só manterá a taxa de crescimento se iniciar a fase de substituição dos bens duráveis de consumo e dos bens de produção em geral (produtos intermediários e equipamentos).

A rigor, não se pode afirmar que toda indústria produtora, de bens duráveis de consumo ou de produção, apresente um elevado coeficiente de capital e que o contrário aconteça com as indústrias produtoras de bens não duráveis de consumo. Mas é essa a regra geral. Esse fato, combinado com a circunstância de que o mercado dos bens duráveis e de produção apresenta dimensões relativamente menores que o dos bens não duráveis (dadas as características tecnológicas dos processos produtivos respectivos), responde pelo tardio desenvolvimento de tais indústrias. Assim, à medida que a industrialização vai penetrando nos setores em que as economias de escala são de importância decisiva, sua *eficácia* vai diminuindo.

Esta segunda fase da industrialização substitutiva apresenta outro aspecto de grande relevância. As indústrias de bens de capital, equipamentos e produtos intermediários (destinados inclusive à construção civil), por enfrentarem maiores obstáculos decorrentes das limitadas dimensões do mercado, das exigências de pessoal especializado, do custo da tecnologia e da falta de meios adequados de financiamento de suas vendas, só encontram condições de desenvolvimento quando os preços relativos no setor alcançam níveis extremamente elevados. Na realidade, os preços relativos dos equipamentos começam a elevar-se quando se inicia o processo de industrialização substitutiva, mas somente quando essa elevação atinge determinado ponto é que a produção de equipamentos se viabiliza economicamente. É possível que essa elevação de preços relativos dos equipamentos só se inicie quando já esteja muito avançado o processo substitutivo de manufaturas não duráveis de consumo; ou que se inicie moderadamente e se acentue na fase final, como decorrência da política tarifária, que numa fase inicial poderia se orientar para favorecer as importações de equipamentos e dificultar as de manufaturas de mais fácil substituição. Essa elevação dos preços relativos dos equipamentos, que caracteriza a segunda fase da industrialização substitutiva, terá repercussões negativas no processo de formação de capital, tanto no setor manufatureiro como no agrícola.

Convém considerar, à parte, o caso especial de uma economia que, na fase de crescimento das exportações, haja absorvido a totalidade do setor pré-capitalista e apresente um mercado de trabalho praticamente unificado. Admitamos que, para enfrentar a depressão nos mercados externos, o governo empreenda uma política idêntica à anteriormente assinalada, mantendo o nível da renda monetária do setor exportador mediante a compra dos excedentes agrícolas e a desvalorização da taxa de câmbio.

Também nesse caso a oferta de manufaturas importadas declinará em termos reais, enquanto se mantém o nível da renda monetária, o que acarreta elevação nos preços relativos daquelas manufaturas, criando estímulo para intensificar sua produção interna. A industrialização, entretanto, terá de realizar-se pela absorção de mão de obra anteriormente aplicada no setor agrícola exportador, uma vez que já não existe o setor pré-capitalista. Os industriais não terão dificuldade para atrair mão de obra, pois a taxa de lucro nas atividades industriais está subindo como decorrência da elevação dos preços relativos das manufaturas. A intensificação dos investimentos industriais repercute duplamente na agricultura de exportação: por um lado, cria pressão no sentido de elevação dos salários reais, à medida que atrai mão de obra para as cidades; por outro lado, agrava a tendência à elevação dos custos agrícolas, resultado da deterioração dos termos de intercâmbio. Isto porque, ao desviar para o setor industrial uma parte substancial da capacidade para importar, reduz a disponibilidade de divisas para atender às necessidades do setor agrícola, obrigando-o a adquirir manufaturas de produção interna a preços relativamente altos. Assim, dá-se uma convergência de fatores que operam para reduzir a taxa de lucro do setor agrícola exportador e, indiretamente, tornar mais atrativos os investimentos industriais, permitindo que o processo substitutivo avance com rapidez.

Em tais condições, é provável que se chegue a uma subutilização da capacidade exportadora, com efeitos negativos para a produtividade no conjunto da economia. Atingida a fase superior da substituição de importações, caracterizada pela produção de bens de capital, novos problemas se apresentarão. Em síntese: o "fechamento" de uma economia que haja alcançado um elevado nível de renda, inserindo-se num sistema de divisão internacional do trabalho e que, por essa forma, haja absorvido todo o seu setor pré-capitalista, tende a provocar uma redução de produtividade média. Essa redução é particularmente grande quando a vantagem relativa que favoreceu a inserção no mercado internacional decorre da utilização extensiva de recursos naturais.

Se confrontarmos os dois casos — o da industrialização substitutiva com oferta ilimitada de mão de obra em nível de salário condicionado pelo padrão de vida no setor pré-capitalista (exemplo do Brasil) e o da industrialização substitutiva com oferta limitada de mão de obra (exemplo da Argentina) — constatamos o seguinte: no primeiro, a industrialização pôde seguir adiante sem qualquer efeito sobre o nível dos salários agrícolas e sem afetar significativamente a rentabilidade do setor exportador; assim, não existirá incompatibilidade entre o avanço da industrialização substitutiva e a recuperação do setor exportador no momento em que ocorrerem condições favoráveis nos mercados externos, como ficou evidente no Brasil nos anos 1950, quando se efetuou a grande expansão da produção cafeeira ao mesmo tempo que a industrialização substitutiva alcançava elevadas taxas de crescimento. No segundo caso, a industrialização substitutiva pode afetar seriamente a rentabilidade do setor agrícola e dificultar a sua recuperação no momento em que surjam condições favoráveis nos mercados externos. Só se evitariam esses efeitos negativos se a industrialização houvesse sido acompanhada de um esforço de investimento no setor agrícola visando elevar o seu nível técnico e liberar mão de obra. Esse esforço de investimento de nenhuma forma poderia ser realizado espontaneamente, uma vez que a agricultura estava enfrentando um declínio na taxa de lucros como consequência da crise exterior e dos efeitos indiretos do esforço de substituição de importações.

Voltemos agora ao caso geral em que o processo de industrialização substitutiva provoca, em sua fase mais avançada, elevação relativa nos preços dos equipamentos e maior concentração da renda. O encarecimento relativo dos equipamentos produzidos internamente (decorrente das dimensões inadequadas do mercado, das dificuldades de acesso à tecnologia ou do seu elevado custo em divisas) tem efeitos inversos ao das inovações tecnológicas tendentes a poupar capital: exige maior mobilização financeira por unidade de produto, mantidos sem alterações os demais insumos. Assim, da mesma forma que as inovações tecnológicas poupadoras de capital, em condições de salários estáveis, tendem a elevar a taxa de lucro, o contrário ocorre quando se elevam os preços relativos dos equipamentos, inalterados os demais fatores. Evidentemente, tal tendência pode ser anulada, na empresa, por uma elevação dos preços que permita uma redistribuição compensatória da renda. Contudo, a baixa na produtividade física dos investimentos em condições de custos salariais inflexíveis não poderá deixar de ter efeitos negativos sobre a taxa média de lucro.

Ao orientar os investimentos para as indústrias com elevado coeficiente de capital, a concentração da renda tem efeitos similares ao da penetração da tecnologia poupadora de mão de obra. Sendo estáveis a taxa de salários e a redução do insumo de mão de obra por unidade de produto adicional, e sendo constantes os demais fatores, ela acarretará necessariamente elevação da taxa de lucro ou baixa no preço relativo do produto em questão. Entretanto, se os salários são determinados basicamente por fatores institucionais, a redução no preço relativo de um produto significa apenas que a elevação da taxa de lucro se realiza no conjunto do sistema econômico e não em benefício de uma indústria determinada. Em qualquer caso, ocorre uma concentração de renda, o que elevará a taxa de poupança, podendo neutralizar a tendência já referida. Tudo se passa, por conseguinte, como se o sistema econômico estivesse absorvendo uma tecnologia tendente a reduzir a produtividade física do capital no conjunto da economia e a aumentar a produtividade da mão de obra na empresa. Sendo assim, para aumentar o produto são necessários insumos crescentes de capital e decrescentes de mão de obra, de onde se conclui que, a uma taxa estável de crescimento do produto corresponde outra, declinante, de absorção de mão de obra fora do setor pré-capitalista e outra, ascendente, de poupança, mantidos inalterados os preços relativos.

O mais provável é que as duas tendências anteriormente referidas se apresentem em cada caso concreto com pesos diferentes. Onde as dimensões reais e potenciais do mercado são relativamente grandes, como é o caso do Brasil, é perfeitamente concebível que as indústrias de bens de capital superem as dificuldades da primeira fase e venham a beneficiar-se de certas economias de escala, sustando a pressão a que fizemos referência para o encarecimento relativo dos equipamentos. Talvez esteja aí a diferença básica entre a evolução do processo substitutivo no Chile e no Brasil. No primeiro caso, a industrialização, ao alcançar aquela fase em que as limitações do mercado se traduzem em crescente ineficiência das inversões, levou a uma redução na taxa de poupança e a um declínio na taxa de crescimento. No segundo, as dimensões mais amplas do mercado, conjugadas com uma importância relativa maior do setor pré-capitalista, criaram condições, por um lado, para que se chegasse a maior eficiência da indústria de bens de capital, e, por outro, para que o processo de concentração da renda avançasse o suficiente, anulando os efeitos negativos na taxa de crescimento da outra tendência.

Dessa forma, o êxito do processo substitutivo no Brasil teve como reverso o fato de que foi nesse país que a industrialização beneficiou menor parcela da população.

Na análise anterior se ignorou explicitamente o fato de que a matriz estrutural poderia ser modificada pela absorção de novas tecnologias. Pretendeu-se demonstrar que as alterações na composição da demanda — provocadas inicialmente pelo impulso externo e, em fase subsequente, pela política de defesa da renda dos exportadores — são suficientes para explicar as modificações na estrutura da oferta que permitiram elevar a produtividade média da mão de obra na região. As alterações ocorridas nas funções de produção encontram explicação na interferência de fatores exógenos ao processo econômico, como o fato de que os equipamentos importados embutiam inovações tecnológicas. Caberia, entretanto, indagar se a penetração de novas técnicas, ao modificar as relações insumo-produto, não operaram no sentido de anular a ação dos fatores tendentes a concentrar a renda. Tendo em conta que as inovações tecnológicas encontram seu principal veículo nos equipamentos, é natural que os setores que mais amplamente as utilizam sejam aqueles que estejam em melhor posição para auferir os benefícios dessas inovações. Assim, à agricultura corresponde a menor probabilidade de beneficiar-se, e às indústrias de bens duráveis de consumo e de equipamentos, a máxima. Admitamos que as inovações tecnológicas sejam "neutras", no sentido de que aumentam na mesma proporção a produtividade do capital e da mão de obra. Em condições de salários estáveis, tanto o aumento da produtividade do capital como o da mão de obra agem no sentido de reduzir a participação dos salários no total da renda. Pode-se admitir que a penetração de técnicas mais avançadas, concentrando-se no setor manufatureiro, venha a causar uma baixa nos preços relativos dos produtos industriais, beneficiando os trabalhadores do setor pré-capitalista, cuja remuneração está tradicionalmente fixada como uma proporção constante do que produzem. Essa elevação do nível de subsistência provocaria uma alta de toda a escala de salários rurais e urbanos. Contudo, tendo em conta o reduzido peso das manufaturas no gasto do trabalhador do setor pré-capitalista, o benefício que lhe toca terá de ser necessariamente pequeno. Dessa forma, independentemente do fato de que possibilitem elevações na produtividade física média, as inovações tecnológicas vêm contribuindo para agravar as tendências assinaladas. Ademais, pelo simples fato de que aumenta o coeficiente de capital por trabalhador nas indústrias preexistentes, ao renovarem seus equipamentos desgastados ou obsoletos, o progresso tecnológico reduz a criação de emprego fora do setor pré-capitalista, reforçando também por esse lado a tendência à concentração da renda.

4. O CERNE DO PROBLEMA

Em síntese: em países de mercados relativamente pequenos, a coexistência de um setor pré-capitalista com um setor industrial que absorve tecnologia cada vez mais orientada para economias de escala e impõe um coeficiente de capital em rápido crescimento, o padrão de distribuição de renda tende a aplicar os recursos produtivos de forma a reduzir sua eficiência econômica, concentrando ainda mais a renda, num processo causal circular.

À guisa de conclusão, diremos que o desenvolvimento como um processo espontâneo, isto é, como decorrência da atuação de certos grupos sociais empenhados em maximizar seus benefícios materiais e sua influência sobre os demais grupos de uma comunidade nacional, ocorreu na América Latina a partir da segunda metade do século XIX sem exigir ou provocar mudanças fundamentais na estrutura social.

Por suas características particulares o desenvolvimento latino-americano, tanto em sua fase de crescimento das exportações, como na fase de industrialização, constitui um processo histórico distinto do que se admite ser o modelo clássico do desenvolvimento capitalista, no qual as inovações tecnológicas desempenham papel fundamental. A menos que se avance muito mais na identificação dos tipos básicos de economia capitalista, toda tentativa de generalização teórica, visando interpretar os problemas atuais da economia latino-americana com base na evidência histórica das economias capitalistas avançadas, será de reduzido alcance. Nada autoriza a ver no desenvolvimento latino-americano uma fase de transição para estruturas capitalistas do tipo que hoje conhecemos na Europa ocidental e na América do Norte, pois existe ampla evidência empírica de que a industrialização vem agravando o dualismo do mercado de trabalho, sem que se vislumbre qualquer perspectiva de redução do subemprego rural e urbano.

Nos modelos teóricos que se utilizam correntemente como base para formulação de políticas de desenvolvimento, admite-se implicitamente que o sistema econômico está integrado por um conjunto de relações estruturais, cuja relativa estabilidade decorre da existência de um marco institucional, e do fato de que os homens e grupos sociais, no seu esforço para maximizar a sua renda e o seu bem-estar, apoiam-se na própria experiência, dando preferência a caminhos já percorridos, o que permite prever com alguma precisão esse comportamento. Por outro lado, admite-se que uma constante do comportamento social dos agentes econômicos é a propensão a aumentar sua participação na renda, seja reduzindo a quota de outros, seja provocando o aumento da renda global mediante a introdução de inovações técnicas nos processos produtivos. Também está implícito nesse tipo de modelo teórico que, quando se mantém um nível adequado de emprego, existe compatibilidade ou mesmo uma relação causal necessária entre o comportamento estatisticamente mais provável de cada grupo e a maximização do bem-estar social, na medida em que este último conceito possa ser definido em termos de variáveis macroeconômicas. Uma série de sinalizadores políticos, que registram tensões estruturais mais significativas, abrem o caminho à introdução oportuna no marco institucional de correções capazes de assegurar a referida compatibilidade.

Contrariamente a esse modelo, o marco institucional que prevalece na América Latina cria padrões de distribuição de renda responsáveis por comportamentos incompatíveis com a utilização mais racional dos recursos disponíveis, em função da maximização do produto global (caso dos países de pequenos mercados) ou que excluem a maioria da população dos benefícios do desenvolvimento (caso de países de maior mercado, como o México e o Brasil). Há um conflito de interesses entre os grupos que controlam o processo de formação de capital e os da coletividade, pois o bem-estar coletivo é incompatível com a discrepância crescente de níveis de vida e em particular com a exclusão da maioria da população dos benefícios do desenvolvimento. Como os grupos econômicos que controlam o processo de formação de capital também ocupam todas as posições estratégicas no sistema de poder, não é de admirar que os sinalizadores políticos se mostrem inadequados para registrar as tensões estruturais, e que os órgãos de decisão política careçam da necessária funcionalidade para promover um autêntico desenvolvimento. O cerne do problema não está no comportamento dos agentes que tomam decisões econômicas, que podem muito bem pautar-se por estritos critérios de racionalidade, tanto em função dos meios que utilizam como dos seus legítimos objetivos; está nas relações estruturais que delimitam o campo no qual as decisões relevantes são tomadas. Uma modificação qualitativa desse campo constitui muito mais um problema de reconstrução de estruturas sociais que propriamente de política econômica.

CAPÍTULO V Particularidades do caso brasileiro

1. A ESTRUTURA AGRÁRIA

Não é nossa intenção tratar em detalhe do problema agrário brasileiro, que tem sido objeto de criteriosas análises nos últimos decênios. Limitar-nos-emos a referir alguns de seus aspectos gerais, a fim de poder relacioná-lo com o problema básico das deformações da economia do país. Nunca é demais recordar que as atividades agropecuárias ainda ocupam grande parte da população trabalhadora e que, em razão do rápido crescimento demográfico e de outras características econômicas nacionais, decorrerão ainda muitos anos antes que a agricultura se transforme numa fonte secundária de emprego. No passado recente, ela ainda absorvia cerca de metade do incremento da população rural. Pode-se afirmar, de forma aproximativa, que um quarto do incremento da mão de obra encontra emprego nas atividades agrícolas. O segundo ponto que convém deixar claro desde o início é que, se bem que o desenvolvimento do setor agrícola não seja condição suficiente para o desenvolvimento global de uma economia como a brasileira, em sua fase atual, contudo, é uma condição necessária.

 A população urbana cresce quase quatro vezes mais depressa do que a população empregada na agricultura. Pode-se concluir que, mesmo que se mantenham estáveis, os excedentes agrícolas requeridos para abastecer as cidades somente estarão disponíveis se aumentar a produtividade no setor agrícola. É de se esperar, entretanto, que o poder de compra dos assalariados urbanos venha a crescer e as repercussões desse fato, quanto à agricultura, são óbvias. A terceira observação preliminar a fazer é que, não obstante sua estrutura anacrônica, o setor agropecuário tem acompanhado o crescimento da demanda interna, no sentido de que o consumo de alimentos das populações urbanas não parece haver declinado. A última observação preliminar a fazer é que o desenvolvimento ocorrido no Brasil no último meio século muito pouco beneficiou a massa trabalhadora rural, cujo nível de vida dificilmente poderia ser mais baixo. Esta observação é de ordem geral, cabendo reconhecer que, em certas subáreas, o trabalhador rural desfruta de condições de vida melhores. Estima-se que, em média, o consumo de calorias do trabalhador rural não supera muito as 1.500 e o de proteínas se situa em torno de 40 gramas, metade delas de origem animal. Essa insuficiência calórica é seguramente a principal causa do baixo padrão sanitário e também da reduzida produtividade do homem do campo. Qualquer observador da agricultura brasileira sabe que um simples aumento de ração alimentar traduz-se, no nosso país, em imediata elevação da produtividade do trabalhador rural, bem como em prolongação dos seus anos de vida ativa.

Para compreender a estrutura agrária brasileira é necessário ter em conta que a unidade básica de produção é a fazenda, qualquer que seja o nome que esta tome, ou seja, a propriedade média ou grande. O acesso à posse legal da terra, desde a época colonial, foi apanágio de uma minoria, e a massa rural tem sido sempre constituída de trabalhadores, isto é, de pessoas ligadas ao proprietário da terra por um vínculo de emprego ou dependência. Os dados censitários nos dizem, por exemplo, que duas terças partes da população ativa rural são constituídas de assalariados que trabalham em propriedades médias e grandes, classificando-se como médias as propriedades que ocupam de 4 a 12 pessoas e grandes as que ocupam mais de 12. O sistema de meação ou terça que em outras partes do mundo foi o ponto de partida para a formação de uma classe de camponeses, isto é, de agricultores independentes organizados em unidades familiares, ainda que trabalhando em terra alheia, no Brasil se assimilou a uma forma de trabalho assalariado. O meeiro, financiado pelo proprietário e vendendo-lhe a sua parte da produção *na folha*, é tão dependente do dono da terra quanto um assalariado, cabendo-lhe ainda os riscos que envolve toda produção agrícola, particularmente nas regiões de clima irregular, como é o caso do Nordeste. Também existe na agricultura brasileira um grupo formado por unidades de dimensão familiar, isto é, unidades de produção que em regra ocupam a mão de obra de uma família. Essas unidades, que contribuem com um pouco menos de um quinto da produção agrícola nacional, são na maioria dos casos administradas pelos proprietários da terra. Segundo os dados do censo de 1960, esse tipo de unidade de exploração agrícola representava mais de um terço da superfície agrícola no estado de Santa Catarina e mais de um quinto no Rio Grande do Sul; contudo, no conjunto do país essa proporção era de apenas 8 por cento.[30] Ainda segundo esse

---

[30] Estão mantidas na nova edição deste livro as referências ao Censo de 1960 por sua fiabilidade e pelo fato de que a estrutura agrária brasileira não conheceu modificações estruturais significativas no período subsequente.

censo, 91 por cento das terras pertenciam a fazendas médias e grandes, e o 1 por cento restante, aos minifúndios, que constituíam um terço do número de explorações agrícolas.

Não é nosso propósito repetir cifras que são amplamente conhecidas, mas gostaríamos de dar ênfase ao seguinte contraste: 3 por cento do número de explorações (os latifúndios) possuem 53 por cento das terras ocupadas, e 32 por cento (os minifúndios, entendidos como tais as unidades de exploração demasiadamente pequenas para ocupar a força de trabalho de uma família e proporcionar um salário-mínimo vital) possuem 1 por cento das terras. Além disso, a importância relativa dos minifúndios estava aumentando, pois a sua proporção no número de explorações agrícolas passara de 23 por cento a 32, entre 1950 e 1960, ao mesmo tempo que se estava reduzindo a sua superfície média, que baixou de 2,6 para 2,4 hectares, no mesmo período.

Até que ponto essa estrutura agrária responde diretamente pela baixa produtividade da agricultura brasileira? Alguns estudos nos permitem ver esse problema com certa nitidez. Uma análise com base na amostragem realizada em diversas regiões do país, nos anos 1960, pelo Comitê Interamericano de Desenvolvimento Agrícola, órgão das Nações Unidas, evidenciou que as formas mais eficazes de organização da produção eram a média e a familiar. O minifúndio e o latifúndio são, na verdade, responsáveis por grande desperdício de recursos: o primeiro, de mão de obra, o segundo, de terra e capital. A unidade chamada média é três vezes maior do que a unidade familiar, e o latifúndio, trinta vezes maior. Se comparamos as terras que cada unidade cultiva, vemos que a unidade média labora uma superfície duas vezes maior, e o latifúndio cerca de dez vezes maior que a familiar. Em outras palavras, esta última apresenta um coeficiente de utilização de terras 50 por cento mais elevado que a unidade média e 200 por cento superior ao do latifúndio. Assim, se as unidades médias e os latifúndios utilizassem uma proporção tão grande de suas terras como o faz a familiar, a superfície cultivada no Brasil seria mais do dobro da atual.

A produtividade por unidade de exploração depende também dos investimentos realizados: a superfície cultivada pode ser relativamente menor, mas os investimentos maiores, o que poderia resultar em produtividade mais elevada. Se nos concentramos nesse aspecto do problema, constatamos que a unidade média investe duas vezes mais por hectare cultivado que a familiar, ao passo que o latifúndio investe a mesma quantidade, vale dizer, a metade do que investe a propriedade média. Chega-se, assim, à conclusão de que o latifúndio, não obstante a sua grande disponibilidade de recursos, não produz uma agricultura mais capitalizada do que a unidade familiar, que utiliza apenas de 2 a 4 pessoas. Se olhamos os dados mais de perto vemos que os investimentos realizados pelo latifúndio são de natureza distinta daqueles efetuados pela unidade familiar. Com efeito, a produção por hectare cultivado é, nos latifúndios, 50 por cento mais baixa do que a observada nas unidades familiares, ao passo que a produtividade da mão de obra é duas vezes maior. Depreende-se desses dados que os investimentos realizados nos latifúndios são orientados para a mecanização agrícola, isto é, para poupar mão de obra, ao passo que os investimentos realizados na unidade familiar buscam aumentar a produtividade da terra. Se comparamos os minifúndios com a unidade familiar, comprovamos o outro lado do desperdício de recursos. Para obter um incremento de 25 por cento na produtividade por unidade de terra, o minifúndio intensifica a utilização de mão de obra a tal ponto que reduz em dois terços a produtividade desta, relativamente à unidade familiar.

Uma análise mesmo superficial desses dados põe em evidência a extrema irracionalidade da estrutura agrária brasileira. Por um lado, uma massa enorme de minifundistas desperdiça grande parte de sua força de trabalho em superfícies agrícolas obviamente exíguas; por outro, os latifúndios, que utilizam apenas uma pequena parcela das terras de que dispõem, orientam os seus investimentos para reduzir o emprego de mão de obra, num óbvio desperdício — do ponto de vista social — de terras e capital. Já observamos que o censo de 1960 verificou que o número relativo de minifúndios aumentou e seu tamanho diminuiu. E também que 65 latifúndios de mais de 5.000 hectares cada um absorveram, sozinhos, cerca de um quarto das novas terras incorporadas à agricultura no Brasil.

A evolução da estrutura agrária, nos próximos anos, influirá decisivamente no desenvolvimento do país.

Longe de nós a pretensão de descobrir uma fórmula mágica para solucionar o complexo problema agrário brasileiro. Limitar-nos-emos a fazer algumas reflexões relacionadas com pontos concretos. Somos de opinião que todo esforço visando a elevar o nível de vida do trabalhador rural repercutirá de imediato, de forma positiva, em sua produtividade. O argumento convencional é o seguinte: aumentemos primeiro a produtividade, e será então possível aumentar o nível de vida. As condições físicas de grande parte dos trabalhadores agrícolas são de tal forma precárias que os níveis de produtividade permanecem necessariamente muito baixos. Numa paisagem complexa, como a da agricultura brasileira, uma medida dessa ordem somente se efetivaria se cuidadosamente adaptada a cada situação específica. No caso dos meeiros, a proporção das terras que eles ocupam poderia chegar a quatro quintos, ou então poderiam essas terras ser desapropriadas; no caso dos minifundistas que pagam renda da terra, esta deverá ser adquirida de imediato pelo poder público para vendê-la aos que a cultivam; no caso dos assalariados de nível de vida mais baixo, o salário real deverá ser aumentado, de forma parcelada, num período de dois a quatro anos. Além disso, no caso de todos os minifundistas — muitos dos quais são meeiros ou aforam a terra — cabe um reagrupamento das unidades de exploração a ser feito em um período de três a cinco anos, a fim de assegurar a cada família um mínimo de renda específica a cada área do país. Medidas desse tipo exigem investimentos imediatos relativamente pequenos, mas algumas poderiam ter como consequência certa elevação nos preços dos produtos agrícolas. Nesse caso, a transferência da renda real da população urbana para a rural se faria em benefício dos trabalhadores do campo, e não dos intermediários ou dos latifundistas.

A elevação do nível de vida da população rural teria dois efeitos de ordem econômica: aumentaria a produtividade de uma parte da agricultura, incrementando assim a oferta de alimentos, e ampliaria o mercado de produtos industriais de consumo geral, o que também teria efeitos positivos no conjunto da economia. Suponhamos que, com medidas como as indicadas, se conseguisse, num período de dois a três anos, aumentar em 50 por cento a renda real de alguns milhões de habitantes rurais, ou seja, de pelo menos o terço inferior da população rural. Para tanto, parte desses recursos viria dos proprietários rurais, isto é, dos que recebem meação ou renda da terra, e outra parte, da população urbana consumidora de produtos agrícolas. Contudo, seria de esperar que os efeitos positivos assinalados compensassem, total ou parcialmente, a baixa da renda real ocorrida no setor urbano.

A segunda frente a atacar é a da estrutura latifundiária. Não se trata de condenar em si mesma a grande exploração agrícola, porquanto em certas condições — onde a mão de obra é escassa, os capitais abundantes e a tecnologia avançada — ela pode ser a forma mais racional de aproveitamento dos recursos produtivos. As afirmações aqui feitas devem ser consideradas no contexto brasileiro. Em primeiro lugar, há o problema da abertura de novas terras, onde o primeiro ocupante é rapidamente deslocado pelo latifundista. Problema de solução difícil, enquanto o agricultor pioneiro continuar a utilizar técnicas rudimentares e predatórias dos solos, logo abandonados à pecuária extensiva. Em segundo lugar, há a questão ainda mais importante dos latifúndios beneficiários das infraestruturas construídas pelo poder público. São as terras próximas aos centros urbanos e ao moderno sistema de transporte que devem merecer atenção imediata. Uma liberação rápida de parte dessas terras, hoje não utilizadas, abriria uma importante fonte de emprego agrícola em zonas adequadamente servidas de infraestrutura e facilmente acessíveis à assistência técnica e financeira. É frequente assinalar-se o obstáculo representado pelo custo financeiro da desapropriação dessas terras, o que não nos parece o aspecto mais importante do problema. Tratando-se de um capital que praticamente nada rende aos seus donos, o pagamento poderá prever um período de carência de 3 a 5 anos. Quando se iniciasse o pagamento, já a economia nacional ter-se-ia beneficiado dos aumentos de produção decorrentes dos novos recursos incorporados pela reforma. Em dois decênios, quando estivessem terminando os pagamentos, a renda nacional teria crescido o suficiente para reduzir essa carga financeira a proporções ínfimas.

O problema agrário tem muitas outras frentes a serem consideradas em qualquer política de desenvolvimento, como as do crédito especializado, da comercialização, da política de preços, das estruturas de estocagem, da moradia rural, da organização sindical dos agricultores, da adaptação do ensino às condições de vida rural, etc. Vamos nos limitar a comentar só mais um ponto: o da oferta de produtos intermediários aos agricultores. Em um país como o Brasil, de solos em geral pobres ou sujeitos a uma rápida perda de fertilidade, o desenvolvimento da agricultura requererá, de forma crescente, uma oferta a baixos preços de grandes quantidades de adubos químicos. Não é essa uma condição suficiente para resolver o problema da baixa produtividade da agricultura. O minifúndio atual praticamente não comporta progresso tecnológico e o latifúndio, dispondo de abundantes terras de rodízio, se preocupa muito mais com a mecanização do que com os rendimentos do solo. Por um lado, cerca de metade das terras agrícolas estão em fazendas médias e unidades familiares, que têm condições de elevar o seu nível tecnológico, em face de uma oferta — a preços adequados — dos produtos intermédios usados na agricultura, em especial os adubos. Por outro lado, a transformação dos minifúndios em unidades familiares teria de ser acompanhada de uma elevação de seu nível tecnológico, mediante a intensificação do uso de adubos. O planejamento e a responsabilidade financeira do poder público são os meios para assegurar a consecução de objetivos claramente definidos nesse setor. Imaginar que o mercado, por si só, poderá solucionar esses problemas é irrealismo, pois não estamos nos referindo a uma produção de adubos que atenda a uma faixa privilegiada da agricultura, e sim a uma produção em massa, visando elevar o nível tecnológico ali onde a agricultura vive hoje de explorar a miserabilidade do trabalho rural.

2. O CAPITALISMO DE GRANDES UNIDADES

As circunstâncias indicadas acima, em conjunção com outros fatores, entre os quais cabe destacar a própria orientação do progresso tecnológico, imprimiram um caráter oligopolístico ao sistema industrial que se instalou no Brasil. Em outras palavras, os mercados são controlados por um pequeno número de empresas. Sempre se poderá dizer que, em face das dimensões do mercado interno, a indústria moderna somente se instalaria dessa forma se a ação do governo levasse à instalação de um número excessivo de unidades — como ocorreu com a indústria automobilística —, a busca de dimensões economicamente adequadas logo provocaria a concentração. Tudo isso é verdade. Importa, entretanto, sabermos tirar as consequências dessa realidade. O capitalismo de grandes unidades, isto é, aquele em que cada mercado é controlado por um pequeno número de empresas poderosas, cujo comportamento é mutuamente condicionado, gera um sistema de decisões econômicas fundamentalmente distinto do que corresponde ao chamado capitalismo concorrencial. Entre as grandes empresas, a concorrência é, essencialmente, uma questão de inovação de produtos ou de condicionamento do comportamento do consumidor, ao passo que no capitalismo tradicional a concorrência é de preços.

É importante refletirmos sobre este ponto, se desejarmos compreender os problemas que se colocam para a economia brasileira. No capitalismo de tipo tradicional, o empresário procura conquistar um mercado oferecendo certo produto a preço mais baixo, isto é, transferindo para os consumidores os frutos do aumento da produtividade. Assim, elevação de produtividade se traduz em baixa de preços, que por sua vez se traduz em elevação da renda real de quem compra o produto. Conforme imaginavam os economistas clássicos, simplificando rudemente a realidade, toda produção (entendida aqui como todo aumento de produtividade) cria o seu mercado. Daí a tendência à baixa de preços que foi um dos fatores responsáveis pelas depressões intermitentes que caracterizaram o desenvolvimento do capitalismo clássico. O capitalismo de grandes unidades, que hoje conhecemos, apresenta uma dinâmica totalmente distinta. Em primeiro lugar, ele pressupõe um controle da conjuntura que elimine as grandes depressões. O aumento considerável da participação do governo no produto nacional e o aperfeiçoamento de mecanismos monetários e fiscais destinados a estabilizar o nível da demanda efetiva abriram uma nova fase evolutiva ao sistema capitalista. Com efeito, a estabilidade da demanda global traduziu-se em importante evolução da empresa, que tendeu a diversificar o seu campo de ação e a planejar as suas atividades a mais longo prazo. O essencial para a empresa é ser suficientemente flexível para adaptar-se às mutações da demanda, que ela deve prever, ou suficientemente poderosa para condicionar essa demanda. Em tais condições, trabalhar em uma ampla frente de ação fortalece uma companhia, conforme expusemos anteriormente. A característica principal desse novo tipo de capitalismo é o controle dos setores mais importantes da produção por um pequeno número de empresas, que trabalham simultaneamente em vários mercados. Essas empresas, de forma mais ou menos articulada em cada mercado, planejam a sua produção a longo e médio prazos e concorrem entre si mediante inovações de processos e produtos. A concorrência de preços é relegada a segundo plano, pois dificilmente se concilia com o planejamento, com a rigidez dos custos que caracterizam empresas altamente capitalizadas, e com salários irredutíveis. Dessa forma, a flexibilidade de preços, que caracterizava o capitalismo clássico e estava na base do desemprego periódico, foi substituída pelo planejamento dos preços, os quais são administrados pelas grandes empresas e seguidos pelas médias e pequenas.

Observamos que, em sua forma tradicional, o desenvolvimento capitalista, ao provocar redução do preço na empresa, contribuía para a ampliação do mercado pela elevação da renda real dos consumidores. Esse mecanismo de difusão dos frutos do aumento de produtividade foi progressivamente substituído por outro, em que o nível da renda monetária é que se eleva para absorver o aumento de produtividade, ao estímulo das políticas salarial e fiscal. Em outras palavras: a expansão da demanda é problema tratado globalmente. Na verdade, em condições de escassez de mão de obra, o problema é simples, pois a demanda monetária tende a crescer mais que a produtividade. As empresas ou os setores que se beneficiam de fortes aumentos de produtividade são complacentes na aceitação de aumentos de salários, o que se traduz em pressão sobre aquelas empresas, muito mais numerosas, ligadas a setores em que o aumento de produtividade é lento ou nulo. Trata-se de uma situação complexa que provoca tanto a substituição de determinadas categorias de produtos como a aceleração de progresso técnico em certos setores — ou ainda a elevação de alguns preços relativos, com modificações na distribuição da renda. O que interessa reter é que o poder de compra da massa de assalariados tenderá a acompanhar o aumento de produtividade no conjunto da economia.

O problema que se nos apresenta é o de identificar as consequências da implantação do capitalismo de grandes unidades no contexto de uma estrutura subdesenvolvida como a da economia brasileira. Em face de um grande excedente estrutural de mão de obra os salários tendem necessariamente a fixar-se em níveis baixos (relativamente à tecnologia utilizada, mesmo levadas em conta as possíveis deseconomias externas), o que não impede que, em relação ao custo de oportunidade do trabalho, eles sejam altos. Mais importante ainda: podem permanecer nesse nível qualquer que seja o incremento da produtividade. A política de preços administrados, em tais condições, só é possível se a demanda preexistir, como era o caso no processo de substituição de importações. À medida que se avança nesse processo, isto é, que se passa das indústrias leves para as indústrias pesadas, o coeficiente de capital por pessoa empregada aumenta. Em tais condições, para que a massa salarial aumentasse *pari-passu* com o produto, seria necessário que os salários dos empregados das novas empresas fossem muito mais altos que os das empresas instaladas em fases anteriores. Em outras palavras: à maior densidade de capital por pessoa empregada deveria corresponder um nível de salário proporcionalmente maior, o que, evidentemente, é impraticável. Outra solução poderia ser encontrada na baixa dos preços relativos dos produtos nos novos setores. Contudo, tratando-se de setores com alta densidade de capital e tendo em conta o baixo nível relativo dos salários, essa baixa de preços provocaria redução da rentabilidade comparativamente às indústrias preexistentes. É mais ou menos evidente que, à medida que se caminha da indústria leve para a pesada, em uma economia com um considerável excedente estrutural de mão de obra, acentua-se a pressão no sentido de concentração da renda. Essa tendência será tanto maior quanto mais a economia estiver organizada na base de preços administrados, isto é, quanto menos os incrementos de produtividade se transferirem para os consumidores mediante baixas de preços.

O mesmo problema pode ser colocado da seguinte forma: numa economia subdesenvolvida com grande excedente de mão de obra, a capacidade do setor exportador para formar o mercado interno é proporcional à quantidade de mão de obra que ele absorve. Assim, a exploração mineira, absorvendo pequena quantidade de mão de obra, por si mesma não é capaz de promover a formação de um mercado interno. Ao contrário, uma produção como a cafeeira, que emprega grandes massas de mão de obra, tem uma elevada capacidade geradora de mercado interno. Em síntese: o fluxo de renda que surge do polo dinâmico traduz-se em um certo perfil de demanda, o que tem maior ou menor poder germinativo de desenvolvimento. Ainda que pareça paradoxal, a substituição de importações, nas condições em que ocorreu no Brasil, ao passar das indústrias leves para as pesadas, foi perdendo impulso multiplicador.

As modificações na estrutura industrial e suas repercussões na dinâmica do sistema econômico podem ser observadas de vários ângulos, se bem que os dados quantitativos nem sempre sejam abundantes. Em primeiro lugar cabe constatar o enfraquecimento do impulso de industrialização como fator de transformação da estrutura ocupacional. Assim, entre 1940 e 1950, as indústrias manufatureiras aumentaram sua participação no produto interno bruto de 10,6 para 16,1 por cento, ao mesmo tempo que o emprego nesse setor crescia sua participação de 7,7 para 9,4 por cento do total da população ocupada. No decênio seguinte, a participação do setor industrial aumentou de 16,1 para 23 por cento, enquanto a participação da mão de obra industrial declinou de 9,4 para 9,1 por cento. Esse declínio ocorreu apesar da taxa de crescimento anual da produção industrial ter aumentado de 8,1 para 9,2 por cento, entre os dois decênios. Como o aumento de produtividade resultava da adição de novos setores produtivos, dotados de mais alta capitalização e com acesso a tecnologias mais avançadas, o seu efeito sobre a taxa de salários do conjunto do setor industrial foi mínimo. Ao contrário do que seria de esperar, o salário médio das novas indústrias, se bem que mais alto, cresceu menos que o das indústrias tradicionais. Em 1940, o diferencial do salário médio a favor das indústrias pesadas (metalurgia, mecânica, química) era de 80 por cento, ao passo que em 1960 estava reduzido a 40 por cento. Dessa forma, a participação dos salários no valor agregado pela produção industrial declinou de forma bem mais acentuada nas indústrias pesadas do que nas tradicionais. A mesma constatação pode ser feita ao se analisar o tamanho das empresas: maior o tamanho, menor a participação da massa salarial no valor agregado, se bem que aumente o salário médio. Em síntese, a evolução estrutural do setor industrial, o progresso tecnológico e a tendência à concentração do poder econômico atuaram de forma convergente no sentido de reduzir o fluxo de salários criado pelo setor industrial, relativamente ao valor da produção deste setor. Cabe inferir dessa análise que o fruto do aumento substancial de produtividade ocorrido no setor industrial não foi transferido (ou o foi cada vez menos) para a massa da população assalariada.

O problema estrutural que vimos de assinalar tendeu a agravar-se com a rápida aceleração do progresso tecnológico ocorrida no pós-guerra. Esse progresso, como é bem sabido, orienta-se no sentido da economia de mão de obra, isto é, no sentido da automatização dos processos produtivos. Por conseguinte, o problema não é apenas de passagem da indústria leve para a pesada, trilha natural do processo de substituição de importações. Assim, na indústria têxtil, ao se tomar como referência uma fábrica integrada utilizando os equipamentos de oferta corrente nos mercados, o investimento em capital fixo por trabalhador, que em 1950 era de 6 mil dólares, duplicou no correr de um decênio, alcançando 12 mil em 1960, e quase duplicou novamente nos cinco anos seguintes, alcançando 19 mil dólares em 1965.[31] Esse segundo aspecto do problema, ligado ao rápido avanço do progresso tecnológico nas indústrias tradicionais, sobrepujou, nesses anos, o primeiro aspecto, ligado à transformação estrutural do sistema industrial. É que as indústrias pesadas — metalurgia, material de transporte, química — estiveram em expansão rápida, ao passo que as tradicionais se modernizavam em condições de relativa estagnação. Assim, nesse período, o emprego na indústria têxtil diminuiu a uma taxa anual de 2,1 por cento enquanto nas indústrias pesadas ele aumentava a uma taxa de 4,9 por cento. A produtividade, por sua vez, aumentava as taxas de 4,5 e 5,5 por cento nos dois setores, respectivamente. Em outras palavras, a produção anual das indústrias pesadas crescia cerca de 10 por cento e a da indústria têxtil, de pouco mais de 2 por cento. O salário real pago por este último setor manteve-se praticamente estacionário, enquanto o das indústrias pesadas crescia em algo menos de 2 por cento anualmente.[32]

3. CONCENTRAÇÃO DA RENDA

A tendência à concentração da renda, que se tornou inerente ao processo de industrialização no Brasil, reforçada por outros elementos da estrutura econômica nacional, particularmente o sistema fundiário, deu lugar a um perfil de

---

[31]Cf. CEPAL, Selección de alternativas tecnológicas en la industria textil latinoamericana, Santiago, 1966.
[32]Veja-se, para os dados estatísticos, Centro de Desenvolvimento Econômico CEPAL-BNDE, Brasil, 1966.

demanda que deve ser cuidadosamente estudado. Nesse perfil se destacam quatro segmentos. O primeiro está constituído por quase metade da população do país que, até o presente, nenhum acesso teve aos frutos do desenvolvimento. Essa massa constitui um ínfimo mercado para as atividades produtivas que se incorporam ao mercado monetário. O segundo grupo, constituído por cerca de 40 por cento da população, compreende a massa dos assalariados urbanos e dos trabalhadores autônomos. A renda *per capita* desse grupo é aproximadamente duas vezes e meia mais alta que a do grupo anterior. O terceiro grupo, correspondendo a 9 por cento da população, está principalmente formado pelos quadros superiores e proprietários médios; sua renda média é cerca de duas vezes e meia superior à do grupo precedente e seis vezes superior à do primeiro grupo. Por último, o quarto grupo, formado pela classe rica, correspondendo a 1 por cento da população, desfruta de uma renda que é cerca de oito vezes superior à da classe média alta e cerca de cinquenta vezes mais alta que a do primeiro grupo.

Grosso modo, a população está estruturada em três grupos de consumidores: ao primeiro, formado por 50 por cento, corresponde um quinto da renda nacional; ao segundo, formado por quatro décimos da população, correspondem 40 por cento da renda; e ao terceiro, constituído por um décimo da população, corresponde igualmente 40 por cento da renda. Este último grupo se diferencia claramente em dois subgrupos, cabendo a cada um 20 por cento da renda nacional: o primeiro corresponde a 9 por cento da população e o segundo ao 1 por cento restante. Ou seja, o 1 por cento de renda mais alta e os 50 por cento de renda mais baixa têm acesso a parcelas idênticas da renda nacional.[33]

Se observamos esse perfil de demanda constatamos que ele se caracteriza pelas descontinuidades. O primeiro grupo tem acesso apenas marginal à economia de mercado, razão pela qual deve ser deixado de lado. O segundo grupo está formado pela massa da população que tem acesso aos produtos não duráveis de consumo mais corrente. O terceiro e o quarto grupos formam um mercado diversificado, em que se integram os bens de consumo duráveis e não-duráveis. Considerando estes últimos dois grupos conjuntamente, ou seja, os 10 por cento mais ricos, a renda *per capita* se aproxima daquela da classe média europeia.

O desenvolvimento econômico, na forma em que ele se realiza nos países industrializados, afeta, ainda que de forma irregular, o consumo de todos os setores da população, apresentando-se a curva da demanda global como um contínuo. No Brasil, em razão do grande excedente estrutural de mão de obra, o processo de elevação da renda média se apresentou de outra forma. No período de expansão das exportações agrícolas e da industrialização da primeira fase, uma parte da população deslocou-se do primeiro para o segundo grupo. Em outras palavras: sob a ação do impulso dinâmico externo, a estrutura social se diferenciou, ampliando-se o grupo de assalariados, com nível de vida superior ao da massa ocupada nas atividades de subsistência. Na fase de substituição de im-

---

[33] Dados básicos de CEPAL, *Estudios sobre la distribución del ingreso en América Latina*, Santiago, 1967. Esses dados se referem à distribuição da renda no Brasil em torno de 1960. Informações mais recentes indicam que no período subsequente a concentração se acentuou.

portações, o processo de diferenciação social prosseguiu igualmente. Entretanto, dada a elevada e crescente capitalização e a orientação geral do progresso tecnológico, logo se acentuou o processo de concentração da renda. De modo que os aumentos de produtividade não se traduzem em maiores modificações na estrutura ocupacional. Seus efeitos se concentram em diversificar a demanda dos grupos de altas rendas.

Evidentemente esse quadro não seria completo se ignorássemos a ação do setor público, cuja participação no produto nacional aumentou de forma significativa. Dada a quantidade relativamente grande de mão-de-obra que absorve os investimentos públicos, a ampliação da ação do Estado traduz-se em transferência de população do primeiro para o segundo grupo. Esse processo adquiriu significação no decênio dos anos 1950, quando a participação do setor público no produto bruto aumentou de 17 para 20 por cento.

A pergunta básica é a seguinte: como evolui uma economia com a tendência estrutural que apresenta a brasileira? Se o setor moderno em expansão é em grande parte controlado por firmas estrangeiras, coloca-se de imediato um problema de balança de pagamentos e de desnacionalização da economia. Por um lado, basta que as firmas estrangeiras enviem ao exterior uma fração constante de seus lucros (50 por cento ou 33 por cento, por exemplo) para que uma parcela crescente de divisas seja absorvida por remessas de lucros e dividendos. Por outro lado, as formas correntes de autofinanciamento — mobilização de reservas de amortização e de uma fração constante dos lucros — serão suficientes para que o setor controlado do exterior aumente permanentemente a sua participação no produto nacional, independentemente de qualquer entrada de recursos externos que venham adicionar-se à poupança nacional. Em síntese: a situação estrutural antes descrita tende, apesar de outros fatores passíveis de operar no mesmo sentido, a criar uma pressão sobre a balança de pagamentos e a submeter uma parcela crescente das atividades produtivas do país a controle estrangeiro.

Já observamos anteriormente que o desenvolvimento deriva o seu impulso primário seja de modificações no perfil da demanda, seja da assimilação do progresso tecnológico, seja ainda da combinação desses dois fatores, cabendo considerar a simples acumulação de capital como um fator de ação coadjuvante. Em uma economia com grande excedente estrutural de fatores básicos — mão de obra e terras — a forma mais fácil de desenvolvimento, isto é, aquela que requer o mínimo de poupança prévia, é a que se traduz em mudanças no perfil da demanda. Imaginemos, como situação hipotética, que cresça a renda do terceiro grupo (cerca de 9 por cento da população). Nesse caso, o crescimento assume a forma de elevação da demanda *per capita*, o que se traduz em diversificação da demanda em benefício de produtos de consumo restrito. Assim, a demanda de alimentos não se alterará, mas a de automóveis tenderá a deslocar-se de um veículo barato para outro mais caro.

Para atender à expansão desse tipo de demanda são necessários importantes investimentos, sendo mínima a quantidade de mão de obra absorvida. O crescimento nesse caso pressupõe uma adequada disponibilidade de poupança. Consideremos agora uma segunda hipótese de aumento da demanda decorrente de expansão do segundo grupo (cerca de 40 por cento da população), tendo como causa o incremento dos investimentos públicos. Dois terços do incremento da renda tenderão a ser gastos em produtos originários da agricultura, que pode expandir-se utilizando terras e mão de obra subutilizadas. Essa transferência de recursos de setores de mais baixa produtividade para outros de mais alta, sem que haja mudança no nível tecnológico em qualquer dos setores referidos, só é possível se o perfil da demanda evolui de determinada forma.

Compreende-se o que está por trás desse argumento quando se tem em conta que, em uma economia subdesenvolvida — isto é, em uma economia em que existe subemprego estrutural de fatores — é teoricamente possível aumentar o valor do produto global (mantidos inalterados os preços relativos) mediante simples modificação na distribuição da renda. *Mutatis mutandis*, determinada evolução do perfil da demanda — causada por crescente concentração da renda — pode acarretar um subemprego estrutural crescente de fatores.

Outro aspecto desse problema deve ainda ser considerado. O processo de concentração da renda traduz-se, na prática, em tendência à diversificação das formas de consumo dos grupos privilegiados. As indústrias de bens de consumo duráveis se beneficiam diretamente dessa evolução. Entretanto, como essas indústrias são exatamente aquelas que, em razão do progresso tecnológico, mais se beneficiam das economias de escala de produção, as reduzidas dimensões do mercado obrigam-nas a operar com custos relativamente altos. Mais ainda, o crescimento da renda de um grupo de pessoas de padrões já muito altos de consumo cria a necessidade de uma diversificação crescente desse consumo, quer melhorando a qualidade dos produtos, quer diversificando-os. Assim, a indústria de automóveis deverá produzir modelos cada vez mais variados e renová-los em prazos mais curtos, o que compartimentaliza um mercado de dimensões já insuficientes, aumentando os custos. Dessa forma, a industrialização tende a realizar-se num canal cada vez mais estreito, e num sentido cada vez mais contrário ao da tecnologia moderna, principalmente orientada para as economias de escala de produção. Em tais condições, pode-se criar um sistema industrial altamente integrado, formado de unidades modernas, mas de custos de produção relativamente elevados, em razão da inadequada dimensão das unidades produtivas. Mais se concentra a renda, mais se diversifica o consumo dos grupos de altas rendas, mais inadequada é a evolução do perfil da demanda quanto ao aproveitamento das economias de escala de produção. O progresso tecnológico será assimilado na aparência, mas seus melhores frutos não serão colhidos.

4. OS PROCESSOS PRODUTIVOS

O problema da concentração da renda é correntemente abordado de forma irrealista, razão pela qual convém precaver-se contra argumentos atrativos mas falaciosos. É comum, por exemplo, imaginar que o problema fundamental está em desarticular os "monopólios" que controlam os principais mercados. Não há nenhuma dúvida de que, nas condições presentes, as formas oligopolísticas de organização de mercados contribuem para a concentração da renda e, portanto, para imprimir um caráter antissocial ao desenvolvimento. Contudo, é simples ingenuidade imaginar que seria possível reverter ao tipo de organização capitalista flexível, que é baseado na concorrência de preços, e corresponde a uma fase do progresso tecnológico que está longe no passado. As grandes unidades produtivas, sem as quais não é possível obter as economias de escala, necessitam planejar a produção com antecipação de meses e a expansão com a antecipação de anos. As vultosas imobilizações de capital que elas exigem são incompatíveis com a flexibilidade de custos requerida pela concorrência de preços. A política de preços administrados tende a ser a regra básica da economia industrial moderna. O problema substantivo que se coloca hoje é o de saber quem administra esses preços e em benefício de quem. Ou ainda: quem define o campo no qual se realiza a administração dos preços?

Um segundo aspecto do problema que se presta a interpretações equivocadas é o do impacto do progresso tecnológico. Sendo este essencialmente orientado no sentido da poupança de mão de obra, fator abundante nos países subdesenvolvidos, é corrente que se afirme que os desequilíbrios estruturais e mesmo a estagnação têm como causa básica a penetração de uma tecnologia inadequada, isto é, em desacordo com a constelação de fatores. Existe algo de verdadeiro nessa afirmação, mas em seu conjunto ela é falaciosa. O elemento de verdade aparece quando colocamos o problema dentro de uma perspectiva histórica. Nas condições de dependência em que tem ocorrido no Brasil o desenvolvimento, não existindo uma efetiva articulação interna de decisões, a penetração do progresso tecnológico realizou-se ao acaso de iniciativas tomadas pelos importadores de equipamentos. A política de câmbio e de crédito — poderoso instrumento de subsídio do processo de industrialização — foi elaborada e executada sem levar em conta a possibilidade de opção entre processos produtivos. Como os subsídios eram dados para importação de equipamentos e em quantidade menor para a construção de estruturas e para o capital de giro, criaram-se condições artificialmente favoráveis à automação e mesmo ao sobreinvestimento em maquinaria. Não resta dúvida que se a política de industrialização tivesse como base financiamentos a longo prazo, mas com taxas de juros reais, e subsídios à produção industrial durante uma fase inicial (que poderia ser de cinco, dez ou quinze anos), os resultados, quanto à escolha de processos tecnológicos, poderiam corresponder melhor aos interesses da economia nacional no seu conjunto.

O progresso tecnológico está em geral orientado para a economia de mão de obra, mas só excepcionalmente, ao efetivar essa economia, ele reduz a produtividade física do capital. Cabe considerar dois tipos de inovação nos processos produtivos, a partir de certas taxas fixas de salário e de juros. O primeiro acarreta um aumento de produtividade física da mão de obra suficientemente grande para compensar uma baixa na produtividade física do capital. No segundo, o aumento da produtividade física da mão de obra é acompanhado de aumento de produtividade física do capital. Exemplo do primeiro caso podemos encontrar na evolução da tecnologia têxtil, a que fizemos referência, a qual se traduziu em elevação do investimento por trabalhador de 6 para 12 e para 19 mil dólares. A produtividade da mão de obra aumenta, no primeiro caso, em 45 por cento e, no segundo, em 111 por cento, ao passo que a produtividade física do capital diminui, no primeiro caso, em 17 por cento e, no segundo, em 22 por cento. Em um país com abundância de mão de obra e escassez de capital, esse tipo de progresso tecnológico é, evidentemente, irracional. Para torná-lo, além do mais, antieconômico para a empresa bastaria elevar a taxa de juros, que no cálculo apresentado foi arbitrada em 12 por cento.

A situação mais geral, contudo, é aquela em que o progresso tecnológico eleva não apenas a produtividade física da mão de obra, mas também, ainda que em escala muito menor, a do capital. Sendo assim, as distorções que se têm em vista, longe de serem uma consequência direta desse progresso, são causadas pelo sistema de decisões que prevalece na economia. Assim, pode ocorrer que o progresso tecnológico aumente a produtividade física do capital e, ao mesmo tempo, em razão do quadro institucional, da orientação das políticas de câmbio, de crédito, de preços, de salários, etc., contribua para concentrar a renda, criando um perfil de demanda que tenha os efeitos negativos que assinalamos. A solução do problema não está, portanto, em frear a penetração do avanço tecnológico, e sim em modificar o sistema de decisões, de forma a que ele não tenha as consequências negativas que hoje se manifestam.

É comum que se considere o problema da escolha de tecnologias basicamente em termos de taxa de juros. Se o custo do fator capital fosse mais alto, diz-se, seria maior a preocupação em usá-lo de forma parcimoniosa ou em elevar a sua produtividade. É este um caminho atrativo, mas que nos pode levar para longe do ponto aonde queremos chegar. Quando se eleva o custo do capital, beneficiam-se as indústrias com uma grande rotação de seu capital, colocando-se em situação inferior aquelas que têm grandes ativos imobilizados. As indústrias que produzem para os grupos de altas rendas, cuja demanda é inelástica em função dos preços, serão igualmente beneficiadas, pois trabalham com margens mais altas de lucro. O mais importante a considerar, entretanto, é que a elevação da taxa de juros significa, em última instância, transferir para as classes proprietárias uma parcela maior da renda nacional, ou seja, criar novo mecanismo de concentração da renda. No exemplo que consideramos da indústria têxtil, comparando a tecnologia em que o investimento por pessoa ocupada é de 6 mil dólares com aquela em que esse investimento alcança 12 mil dólares, caso se elevasse a taxa de juros de 12 para 16 por cento, os custos de produção com os novos equipamentos seriam praticamente iguais aos das unidades instaladas em fase anterior, de menor densidade de capital, e em condições de juros de 12 por cento. Dessa forma, seria possível evitar a obsolescência demasiado rápida de certos equipamentos, liberando recursos para investimentos em outros setores. Ainda assim, os novos investimentos iriam necessariamente para a nova tecnologia, pois somente ela permitiria pagar a taxa de juros mais alta. Para que se tenha ideia de quanto essa medida contribuiria para concentrar a renda, basta ter em conta que o simples incremento da taxa de juros (de 12 para 16 por cento) corresponderia nos custos de produção a uma soma equivalente a um terço da folha de salários, encargos sociais incluídos.

É este um dos mais complexos problemas que enfrenta uma economia subdesenvolvida: como evitar que a assimilação do progresso tecnológico gere decisões irracionais para a economia em seu conjunto. Conforme veremos mais adiante, esse problema só encontra solução se abordado de maneira global, isto é, mediante um condicionamento do perfil da demanda. Contudo, quanto às decisões de investimento, ele merece um cuidadoso tratamento. Em primeiro lugar, deve-se ter em conta que, em um país como o Brasil, todos os investimentos industriais de vulto, particularmente os de infraestrutura, de produção de bens de capital e de produtos intermediários utilizados em grande escala pela economia, são, de uma ou outra forma, beneficiários de subsídios públicos, explícitos ou encobertos. Grande parte desses projetos passam pelos bancos oficiais, sendo objeto de meticuloso estudo. Por um lado, como a escolha dos processos produtivos tem repercussão direta nos custos e portanto na capacidade competitiva da indústria, enfocá-los como um projeto isolado não tem sentido. Por outro lado, a nova tecnologia pode ser indispensável à obtenção de certos padrões qualitativos, sem os quais certos setores industriais não se poderiam desenvolver. A única linha demarcatória que se pode estabelecer com alguma nitidez neste caso é o da existência ou não de capacidade ociosa e do período de obsolescência dos equipamentos já instalados.

Existem casos no Brasil de indústrias que, por trabalharem em regime de preços administrados e produzirem para mercado de demanda muito pouco elástica, são rentáveis utilizando um terço ou menos da capacidade instalada. Nesse tipo de indústria, a instalação de novas unidades tecnologicamente mais adiantadas pode ser perfeitamente rentável para o investidor, se bem que para o conjunto da economia nacional seja um óbvio desperdício de capital. Afora situações como essa, mais numerosas do que correntemente se imagina, o problema da escolha dos processos tecnológicos somente deve ser abordado com medidas de ordem geral. O correto enfoque desse problema deverá ser buscado na política fiscal. O âmago da questão é o seguinte: o capital é um fator escasso; a essa escassez deveria corresponder um custo relativamente alto, o que contribuiria para criar um perfil de demanda que tende a frear o desenvolvimento. (Esse raciocínio, evidentemente, só tem validade ao se ter em conta a orientação atual do progresso tecnológico e a existência de excedente estrutural de certos fatores, aspectos do problema já tratados.) Uma adequada política fiscal poderá romper esse círculo vicioso.

A solução está em um imposto que pese de forma diferencial sobre o valor agregado pela mão de obra e pelo capital, e que incida sobre as indústrias de bens de consumo e sobre aquelas de produtos intermediários utilizados exclusivamente pelas indústrias de bens de consumo. Em outras palavras: as indústrias de bens de capital e as que produzem bens intermediários, utilizados pelas indústrias de bens de capital ou por outras indústrias de bens intermediários, não sofreriam a incidência do imposto. Para exemplificar, suponhamos que duas indústrias produzem o mesmo produto, usando processos de distinta densidade de capital, com custos de produção idênticos. Nas duas o valor agregado representa 50 por cento do valor bruto da produção, sendo que na indústria *A* esse valor agregado compreenderia três quintos de mão de obra e dois quintos de remuneração do capital, inclusive a sua depreciação; na indústria *B* as proporções seriam um quinto e quatro quintos. Suponhamos agora que se estabeleça um imposto de 5 por cento sobre a folha de salários e de 50 por cento sobre a remuneração bruta do capital. No primeiro caso, este imposto acarretaria um aumento de 11,5 por cento nos preços de produção e, no segundo, um aumento de 20,5 por cento. Essa diferença de custos de produção (depois de pago o imposto) em muitos casos poderia ser suficiente para tornar antieconômica a tecnologia de maior densidade de capital. Ela poderia não ser decisiva, entretanto, em uma economia de preços administrados, sob o controle de grandes grupos, que incluem empresas antigas e a instalação de novas. Assim, se a relação capital-produto bruto agregado fosse de 2 no primeiro caso, a medida anteriormente indicada teria o efeito de uma elevação na taxa de juros correspondente a 5,75 por cento do capital. Para que o impacto seja maior na indústria B, será necessário que a relação capital-produto seja nela inferior a 4. Em outras palavras: dentro de limites bastante amplos os empresários não se sentiriam inclinados a substituir os equipamentos existentes por outros cuja principal virtude é economizar mão de obra; além disso, caso fossem levados, por outros motivos, a fazer essa substituição, os efeitos mais negativos sobre o perfil da demanda seriam evitados, sempre que os recursos captados pelo imposto fossem adequadamente empregados.

    As observações que fizemos anteriormente têm apenas um valor indicativo. Na verdade, nosso principal objetivo foi chamar a atenção para a complexidade do problema, particularmente se se pretende examiná-lo pelo lado da alocação dos recursos. Cumpre ter em vista que o progresso tecnológico é a verdadeira fonte do desenvolvimento, razão pela qual o objetivo de toda política econômica deverá ser promover a sua criação, adaptação e disseminação no país. Assinalamos que as medidas visando frear a rápida obsolescência dos equipamentos não deveriam ser aplicadas às indústrias de bens de capital, a fim de que os preços relativos destes tendam a declinar. Convém recordar que o fulcro do progresso tecnológico são essas indústrias. De maneira geral, as indústrias de bens de consumo limitam-se a absorver o progresso tecnológico incorporado anteriormente a seus equipamentos. Por essa razão, nenhuma medida deve ser tomada que possa dificultar a assimilação do progresso tecnológico pelas indústrias de bens de capital, que desempenham o papel de elemento transformador do sistema econômico. A política de preços administrados pode ter, neste setor da economia, efeitos particularmente negativos.

Se o progresso tecnológico, ocorrido nas indústrias de bens de capital, se traduz em baixa relativa dos preços dos equipamentos, o volume total dos investimentos realizados no sistema econômico pode aumentar, sem que se exija um prévio aumento do esforço de poupança à população. O setor produtor de bens de capital, nas economias subdesenvolvidas, deveria ser objeto de cuidadosa assistência dos poderes públicos. A venda de equipamentos deveria ser realizada com base em preços indicativos, fixados a partir dos que prevalecem nos mercados internacionais. As indústrias cujos preços se afastassem, digamos, mais de 50 por cento dos preços indicativos, deveriam ser objeto de estudo, feito por organismos especializados, visando colocá-las em bases de maior eficiência econômica, ou fazê-las desaparecer. As diferenças entre os preços de produção internos e os preços indicativos seriam cobertas pelo fundo de capitalização criado pelo imposto anteriormente referido. Evidentemente tal subsídio só teria sentido se os custos de produção da indústria em questão fossem conhecidos e caso se demonstrasse que ela estava transferindo para os compradores de equipamentos os incrementos de produtividade advindos do progresso tecnológico. É esse um problema de difícil solução prática, mas não resta dúvida que um nível relativamente alto de preços de bens de capital constitui um freio ao desenvolvimento e, não menos importante, impede que o setor industrial se integre nas correntes de exportação. Em síntese: ou se criam condições adequadas de oferta de bens de capital, ou se introduzirão distorções no sistema econômico que repercutirão de forma negativa na taxa de crescimento e em sua capacidade competitiva internacional.

5. INADEQUAÇÃO DO PERFIL DA DEMANDA GLOBAL

As medidas sugeridas, entretanto, de maneira alguma atingem o fundo do problema, que está no perfil da demanda global, cuja evolução reflete a ação convergente de múltiplos fatores técnicos e institucionais. Há quem considere que esse problema somente encontra solução mediante um controle total das decisões de investimento, isto é, uma planificação rígida. Contudo, essa solução simplifica demasiado o problema. Centralizar as decisões de investimento e arregimentar a economia — se for isso politicamente possível — também tem um custo social, que pode ser particularmente elevado em um sistema econômico heterogêneo e estruturado em grandes espaços, como é o brasileiro. A busca da descentralização, que hoje se observa em todas as economias, é também uma busca do espírito de iniciativa e das raízes da capacidade inventiva do homem.

O planejamento operacional é tanto mais fácil quanto o sistema econômico possui alta densidade de capital, e já alcançou, em muitos setores-chave, um elevado grau de automatização. Quando a produção depende, em grande medida, de decisões tomadas em unidades produtivas relativamente pequenas e heterogêneas, a coordenação depende da unidade de propósitos. Dessa forma, tão ou mais importante do que planejar é contar com a participação daqueles que tomam decisões em todos os níveis — participação impraticável no quadro de uma rígida arregimentação.

O planejamento com certo grau de centralização torna-se indispensável quando o objetivo em vista é modificar, no tempo e no espaço, a estrutura do sistema econômico. Com efeito, é com respeito ao horizonte temporal que se tomam as decisões de investimento. Numa economia subdesenvolvida, dificilmente se consegue modificar esse horizonte de forma ordenada e persistente sem alguma forma de planejamento.

Trata-se de problema similar, se bem que mais complexo, ao da chamada indústria infantil, que serviu de fundamento ao protecionismo em quase todos os países de industrialização retardada. Planificação neste caso não significa necessariamente propriedade pública da empresa em questão, se bem que isso possa ser necessário se o vulto do investimento estiver muito acima da capacidade financeira dos grupos locais ou se os subsídios concedidos pelo poder público favorecerem a concentração da riqueza e da renda.

O que parece fora de dúvida — embora não seja nossa pretensão havê-lo demonstrado cabalmente — é que certo grau de centralização das decisões de investimento é condição necessária para que a estrutura de uma economia dependente se transforme, e mais ainda para que o faça com rapidez. No Brasil, a interferência do poder público nas decisões econômicas assumiu a forma de um complexo sistema de subsídios, implícitos na política de câmbio, na política fiscal e monetária, na política de preços e salários, etc. O custo social dessas medidas nunca foi explicitado, mas não resta dúvida de que tem sido considerável, pois vem transferindo para a propriedade de um reduzido grupo vultosos recursos retirados da coletividade pelo poder público. É inegável que essa política foi responsável pela elevação do volume dos investimentos e pela aceleração da acumulação. Nem por isso se deve desconhecer que está na fonte da concentração da riqueza e da renda. Assim, o problema não é apenas de articular, pelo planejamento, os investimentos que visam modificar a estrutura do sistema econômico; é igualmente necessário que os meios utilizados não se transformem num mecanismo de concentração da renda e da riqueza.

O segundo aspecto do problema que estamos abordando é o da estruturação espacial da economia. Tem ele muito em comum com o anterior, razão pela qual só encontra solução no planejamento. A atividade econômica tende a concentrar-se no espaço, maximizando economias de aglomeração, da mesma forma que tende a antecipar-se no tempo a fim de reduzir o coeficiente de incerteza. O desenvolvimento econômico se realiza mediante a ampliação tanto do horizonte temporal como da dimensão espacial das decisões. O horizonte temporal foi o primeiro aspecto a ser captado, pois dele dependem as decisões que visam aumentar a participação das indústrias de bens de capital no sistema produtivo. Só recentemente vem merecendo atenção o aspecto da estrutura espacial, de vital importância em um país de dimensões continentais como o Brasil. Salvo se existe complementaridade entre as produções de diversas regiões, é grande a probabilidade de que a poupança gerada em todas elas tenda a inverter-se na mais desenvolvida, pelo simples fato de aí as economias externas serem maiores — inversamente, as regiões produtoras de matérias-primas, onde a oferta é mais inelástica, apresentam uma tendência à degradação dos termos de intercâmbio.

Não devemos esquecer que, dada a mobilidade da mão de obra, os salários tendem a ser mais baixos (relativamente à produtividade) na região mais desenvolvida. Por outro lado, como as economias de aglomeração (serviços públicos, principalmente) também beneficiam diretamente a população, e o sistema fiscal tende a favorecer a região produtora em detrimento das consumidoras, tudo concorre para que o desenvolvimento assuma a forma de concentração geográfica da renda. Pode se argumentar que esse processo tem limites, pois tanto a aglomeração urbana como a concentração geográfica se submetem, a partir de certo momento, a custos crescentes. Esse argumento é a prova de que a descentralização espacial só se faz, de forma espontânea, a custos elevados, isto é, quando os custos marginais da centralização se tornam insuportáveis. O planejamento ajudaria a reduzir esses custos, mas ainda assim é possível que essa reversão não se realize por conta dos poderosos interesses que a ela se oporão.

Da mesma forma que uma indústria nascente, uma região pode estar incapacitada para competir com outras numa primeira fase de seu desenvolvimento. Entretanto, se a nova região chega a firmar-se, terá permitido a utilização de recursos naturais e de mão de obra, que de outra forma permaneceriam ociosos ou subutilizados. Além do mais, a descentralização geográfica facilita a uma parte maior da população do país o acesso aos frutos do desenvolvimento.

Consideremos agora o problema central, que é o de obtenção de um perfil de distribuição da renda compatível com os objetivos de bem-estar social e de transformação da estrutura econômica. Essa questão está intimamente ligada à do sistema de incitações que prevalece na economia. Devemos ter em conta que, exceto no caso de uma planificação centralizada rígida, cujas desvantagens são hoje notoriamente conhecidas, todo agente que toma decisões relacionadas com a produção o faz respondendo a um certo sistema de incitações, o qual está intimamente ligado ao padrão de distribuição da renda. Com efeito, o sistema de incitações desempenha papel fundamental no mecanismo das decisões econômicas. Se perde vigor, aumenta a rigidez do sistema econômico, vale dizer, a atividade produtiva adapta-se mais lentamente às modificações da demanda. Mais rígido um sistema produtivo, mais elevados os seus custos sociais de operação. Um sistema de incitações eficaz deve traduzir, em um código perceptível pelos agentes que tomam decisões sobre a produção e os investimentos, o esquema de preferências implícito no padrão de distribuição da renda. Ele permite descentralizar consideravelmente as decisões econômicas. Convém assinalar que essa descentralização refere-se, em especial, aos setores da atividade econômica em que efetivamente opera o sistema de preços e, em geral, às atividades das empresas médias e pequenas, que não estão em condições de interferir nesse sistema.

Admitido o princípio de que se pretende preservar ou criar um sistema eficaz de incitações — ou seja, manter ou alcançar um elevado grau de descentralização das decisões ligadas à produção e ao investimento —, abrem-se duas opções. A primeira se refere às decisões dos agentes diretamente responsáveis pela produção e em particular pela expansão da capacidade produtiva; a segunda se relaciona com as decisões dos agentes consumidores. Teoricamente, os dois caminhos deveriam levar ao mesmo resultado. Assim, uma política que subsidia os investimentos em certo setor produtivo — por exemplo, o de automóveis — deveria traduzir-se, em última instância, na baixa relativa dos preços do setor em questão, o que, na prática, representaria modificar a distribuição da renda em benefício dos consumidores desses produtos. Convém, entretanto, ter em conta o seguinte: em uma economia com as características da brasileira, agir sobre as decisões de produção e investimento pode gerar um processo de concentração da renda, anulando-se assim o efeito inicial, conforme já expusemos. Excluída a hipótese de um controle total das decisões, a experiência tem exaustivamente demonstrado que as políticas de estímulo aos investimentos trazem em seu bojo forte propensão à concentração da renda. Isto é particularmente verdadeiro quando os subsídios significam favores cambiais ou creditícios destinados a facilitar a formação do capital das empresas.

A ação visando condicionar o perfil da demanda dos consumidores parece ser a única forma de conciliar a preservação de um sistema de incitações apoiado na descentralização das decisões, com uma orientação das transformações do sistema econômico capaz de assegurar um autêntico desenvolvimento. O fundo do problema, se o simplificamos ao máximo, reduz-se ao seguinte: como condicionar o perfil da demanda de bens finais de consumo de modo a se maximizarem, por um lado, as transformações estruturais que permitem utilizar mais amplamente os fatores semiociosos, por outro, a assimilação do progresso técnico, melhorando assim a qualidade dos fatores, e, por último, gerando-se a massa de poupança requerida pelo desenvolvimento? Evidentemente, não é este um problema de solução fácil. Quando se admite, como doutrina pacífica, que a pequena minoria que controla a maior parte da capacidade produtiva do país dispõe do poder e dos meios para opor-se com êxito a uma política de desenvolvimento que implica reduzir sua participação na renda nacional, a discussão do problema nos termos em que a fazemos aqui não tem sentido prático. Partiremos, entretanto, de uma hipótese diferente, ou seja, que, no caso em questão, o sistema de poder não se confunde, exatamente, com a estrutura social que controla o sistema produtivo. Na medida em que essa hipótese seja verdadeira, todo esforço visando aprofundar a compreensão desses problemas tem uma chance de contribuir para elevar o nível de racionalidade das decisões políticas.

O objetivo a alcançar, no prazo de 3 a 5 anos, seria a redução de um quarto da renda do grupo de 1 por cento da população que recebe quase 20 por cento da renda nacional, e a redução de 10 por cento da renda do grupo de 9 por cento da população que recebe algo mais de 20 por cento da renda nacional. Nem todos os recursos para se lograr essa transferência de renda proviriam da redução do consumo desses grupos, uma parte recairia sobre a poupança. Cabe admitir que esses grupos consomem metade de sua renda, destinando a outra parte à poupança (admitamos, 30 por cento) e ao pagamento de impostos (admitamos, 20 por cento). Podemos supor que essa redução de 25 por cento incida em uma quinta parte sobre a poupança e no restante sobre o consumo. Quanto ao segundo grupo, admitiremos que a redução se limitaria aos gastos de consumo, em razão do baixo coeficiente de poupança (menos de 10 por cento) e da natureza que esta assume. Assim sendo, os recursos adicionais de poupança chegariam a cerca de 6 por cento da renda nacional, dado significativo quando se tem em conta que a poupança líquida nacional, mesmo nas melhores épocas, raramente superou 10 por cento da renda nacional líquida.

O problema considerado tem três faces. A primeira relaciona-se com a composição da demanda de bens e serviços de consumo. O objetivo, nesse caso, seria enxugar parte do poder de compra de uma minoria, liberando quantidade significativa de fatores escassos: capital, mão de obra especializada, capacidade para importar. A segunda face diz respeito à desconcentração da riqueza nacional, ponto de partida para a desconcentração da renda. A pequena minoria proprietária ou controladora do aparelho produtivo instalado no país é beneficiária quase exclusiva de todos os favores que o Estado propicia para intensificar a capitalização e o desenvolvimento. A enorme massa das reservas de depreciação das empresas — forma de poupança coletiva de grande significação nas economias que assimilam o progresso tecnológico — reverte exclusivamente em benefício dessa mesma minoria. A terceira face se refere à mobilização de uma parcela adicional de recursos para o processo de investimento. Tendo em conta que esses novos investimentos seriam realizados com vista a maximizar as mudanças estruturais, isto é, a absorver o máximo de fatores semiociosos, o seu poder germinativo poderia ser considerável.

Convém, entretanto, que reconsideremos o aspecto principal do problema, ou seja, o perfil da demanda de produtos de consumo final. À primeira vista, esse problema pareceria ter fácil solução com um adequado sistema de imposto de renda. Com efeito, a ínfima parcela dos que recebem um quinto da renda nacional concentra a maioria dos agentes que tomam decisões. Pode parecer que não seria difícil controlar com eficácia a evolução da riqueza e da renda dessa minoria, e é isso que, com êxito irregular, se tem tentado fazer. Essa via, não obstante todos os percalços que a caracterizam, deve continuar a ser trilhada. O objetivo a alcançar deveria, entretanto, ser mais abrangente e sistemático. Por exemplo: a elevação dos preços relativos de todos os bens e serviços consumidos pelas pessoas de altas rendas. Como uma série de fatores que atuam do lado da produção operam no sentido de concentrar a renda, é necessário que outros fatores, com incidência na utilização da renda, anulem a ação dos primeiros.

Imaginemos que todos os bens e serviços de consumo sejam classificados, com base no estudo de orçamentos familiares, em quatro grupos: *a*) consumo popular, *b*) consumo da baixa classe média, *c*) consumo da alta classe média, *d*) consumo da classe rica. Por vezes a classificação seria difícil, mas em muitos casos seria extremamente fácil: construções residenciais, tipos de automóveis, de utensílios domésticos em benefício dessa mesma minoria. Como, ao contrário dos bens, os serviços costumam absorver grande quantidade de mão de obra, uma vez estabelecida essa classificação, resta o problema de conseguir, por meios fiscais, elevar relativamente os preços dos bens consumidos pela alta classe média e, de forma bem mais acentuada, aqueles consumidos pela minoria de altas rendas.

Se o consideramos de forma esquemática, o processo se apresentaria da seguinte maneira: como a mudança dos preços relativos reflete uma elevação dos preços dos bens consumidos por grupos de altas rendas, o segmento mais alto do perfil da demanda declinaria; ao mesmo tempo, como os investimentos se estavam expandindo, particularmente os de maior capacidade de absorção de mão de obra, o segmento médio desse perfil se expandiria. Dessa forma ocorreria uma modificação da demanda global em termos reais. A transição teria de ser gradual a fim de evitar desemprego significativo nas indústrias que produzem para os grupos de altas rendas. O novo perfil da demanda repercutiria necessariamente nos planos de investimento, destinando-se uma fração maior de recursos à expansão das indústrias que produzem bens de consumo geral. Dessa forma, ao cabo de certo tempo, a estrutura do sistema produtivo ter-se-ia modificado.

Em síntese: a política de desenvolvimento do setor industrial se desdobraria em duas pistas. A primeira compreende as transformações em profundidade da estrutura do sistema econômico, no tempo e no espaço; nela cabe papel decisivo ao planejamento. A segunda diz respeito ao perfil da demanda global, a ser modificado de forma significativa, numa primeira fase e, em seguida, submetido a controle, a fim de que se possam neutralizar as tendências estruturais à concentração da renda. Se esses objetivos forem alcançados, o setor industrial estará em condições de desempenhar o papel de polo de um processo de crescimento capaz de beneficiar o conjunto da coletividade.

6. INSUFICIÊNCIA DA CAPACIDADE PARA IMPORTAR

O lento crescimento da capacidade para importar na maioria dos países subdesenvolvidos é, em primeiro lugar, um reflexo do comportamento do comércio mundial de matérias-primas — fato suficientemente conhecido para que nos detenhamos nele. O progresso tecnológico e a elevação da renda atuaram juntos para reduzir relativamente a demanda de matérias-primas. Considerando que os países exportadores de produtos primários têm estruturas rígidas e população em expansão, não é de surpreender que os preços relativos das matérias-primas nos mercados mundiais hajam declinado. Assim, demanda e preços se conjugaram para deprimir a capacidade de importação dos países exportadores de produtos primários, entre eles, o Brasil. Essa observação é de ordem geral. Evidentemente não pretende explicar tudo o que aconteceu com as exportações brasileiras no correr do último meio século, mas traduz o sentido geral dos acontecimentos. Contra essa tendência estrutural, a economia brasileira reagiu *substituindo* importações. Eis aí a origem de um grave problema: a forma assumida pela industrialização desqualificava as indústrias, que iam surgindo, para a concorrência internacional. Em consequência, o sistema econômico se diferenciava sem que as atividades exportadoras — setor vital em toda economia — sofressem qualquer transformação. É esse um fato aberrante, pois as exportações de um país, bem como suas importações, refletem em grande medida sua estrutura econômica. As importações acompanharam a evolução estrutural, mas não as exportações: o Brasil dos anos 1960, com seu considerável parque industrial, apresentava uma pauta de exportações similar à do Brasil do começo do século, mera constelação de explorações agrícolas. Mesmo no quadro da teoria convencional do comércio internacional, esse fato não encontra explicação, pois em múltiplos ramos industriais — particularmente os que utilizam de forma mais intensiva mão de obra e transformam matérias-primas que o país exporta — as suas vantagens comparativas são evidentes.

É provável que a falta de uma mentalidade industrial exportadora e de organizações especializadas na comercialização internacional hajam desempenhado um papel negativo. Mas também é possível que essa mentalidade não se tenha formado e essas organizações não tenham surgido em razão de obstáculos mais profundos. Na verdade, o processo de substituição de importações tende a criar uma estrutura de preços que incapacita as indústrias para integrar-se no setor exportador da economia. A substituição se faz quando os preços de certos produtos importados se elevam, relativamente aos preços internos. Em face de uma insuficiência da capacidade para importar, se instaura uma barreira qualquer para frear e selecionar importações: controle de câmbios, controle quantitativo das importações, fortes elevações de tarifas aduaneiras — ao mesmo tempo que se expande a renda monetária para fazer face à redução das receitas públicas (decorrente da contração das importações) ou para financiar estoques de mercadorias exportáveis cuja demanda está em declínio. Em síntese: o processo está sempre ligado a certo grau de inflação de preços e a uma elevação dos preços relativos de produtos anteriormente importados que começarão a ser substituídos pela produção local.

A evolução subsequente se encarrega de incapacitar as indústrias em formação para a atividade exportadora. Diante da inelasticidade da demanda externa dos produtos primários exportados pelo país, a política de câmbio tende a orientar-se no sentido da sobrevalorização da moeda, o que, por sua vez, exige a criação de uma elevada barreira de proteção alfandegária, a fim de que as novas indústrias possam enfrentar a concorrência externa. Além disso, como as exportações continuam a limitar-se aos produtos primários de demanda inelástica, a capacidade para importar tende a declinar com respeito ao produto nacional, o que amplia o processo de substituição de importações. Contudo, a cada degrau que se franqueia no processo substitutivo, maiores são as dificuldades impostas pela inadequação das dimensões do mercado e outras limitações, o que exige reforço na barreira protecionista. Dessa forma, cria-se um sistema industrial que se diversifica mas está incapacitado para integrar-se nas correntes de exportação.

Quiçá este quadro apareça com mais nitidez se imaginarmos uma situação hipotética diversa da que ocorreu na realidade: suponhamos que a insuficiência estrutural da capacidade para importar se traduza em uma baixa progressiva do poder aquisitivo externo da moeda, e que, ao mesmo tempo, se estabeleça um imposto às exportações dos produtos primários — com escala móvel — a fim de evitar os efeitos negativos da inelasticidade-preço da demanda externa, o que impede que a elevação do preço em moeda local se traduza em redução do preço internacional, como ocorria com o café. Se a taxa de câmbio fosse de tal ordem que protegesse as indústrias internas contra as importações, ela também seria adequada para colocar certas indústrias em condições de competir nos mercados internacionais. Como o setor industrial geralmente se beneficia de rendimentos crescentes, as exportações permitiriam uma baixa de preços que, de início, poderia ser utilizada para consolidar posições no exterior.

Trata-se, evidentemente, de um raciocínio esquemático: por um lado, a taxa de câmbio que seria suficiente para proteger certas indústrias não o seria para proteger outras; por outro, certos produtos essenciais importados, como medicamentos, poderiam requerer uma bonificação. Em certos casos, a tarifa seria indispensável como complemento à proteção implícita na política cambial. O que interessa reter é o princípio geral: não existe nenhuma razão prática ou teórica para que um país como o Brasil não diversifique as suas exportações, o que somente será possível se ele se lançar pelo caminho das exportações de manufaturas. Se a estrutura interna de preços impedir essas exportações, será necessário criar uma estrutura externa de preços que o facilite. Tratando-se de um país que sofre verdadeiro estrangulamento por insuficiência da capacidade para importar, onde as importações já se reduziram a menos de 10 por cento do produto nacional, contra uma média de 20 por cento nos países da Europa ocidental, o valor marginal do que se exporta tem que ser muito alto, pois se mede pela escassez do que se importa. Esse problema só encontrará solução se o país conseguir integrar-se nas correntes do comércio internacional de produtos industriais, que crescem com rapidez muitas vezes superior à das exportações de produtos primários.

A experiência brasileira mais recente, e também a de outros países em condições similares, pôs em evidência que as empresas multinacionais, cujas necessidades de transferências financeiras para o exterior tendem a aumentar, seriam levadas a interessar-se pelo problema, cooperando para a abertura de novas linhas de exportação, particularmente de produtos semimanufaturados e manufaturados. Essas novas tendências que se esboçam devem ser consideradas no quadro das transformações de conjunto da economia capitalista, sob o efeito dos fortes aumentos do custo da mão de obra nos Estados Unidos, do desequilíbrio estrutural da balança de pagamentos desse país, das crescentes preocupações com a poluição e do desejo das grandes firmas multinacionais de contornar, quer a tarifa americana quer a da Comunidade Europeia, abrigando-se nas preferências unilaterais concedidas aos países subdesenvolvidos. Nesse novo sistema de divisão internacional do trabalho os países subdesenvolvidos contribuem com mão de obra barata e ocasionalmente com matérias-primas, e os países desenvolvidos, com capital e técnica para uma produção que se destina aos países ricos e às minorias privilegiadas dos países pobres.

7. ALIENAÇÃO DO PODER ECONÔMICO

A questão dos capitais estrangeiros, examinada no contexto da organização geral do sistema econômico, apresenta dois aspectos que merecem particular atenção: o de sua inserção na estrutura de poder que prevalece ou tende a prevalecer na sociedade, e o de sua participação na apropriação dos aumentos de produtividade. Tradicionalmente, capital estrangeiro significava a propriedade estrangeira de ativos existentes no país, em grande parte títulos de renda fixa. Hoje em dia, capital estrangeiro significa principalmente o controle por grupos estrangeiros de parte do sistema de decisões que comanda a atividade econômica. É a partir desse segundo enfoque que examinaremos o problema.

Para todos nós, formados na tradição que estabelece uma nítida diferença entre o direito público e o direito privado, a natureza mesma do sistema de poder que prevalece hoje nos países industrializados é algo difícil de definir. Vemos, de um lado, um conjunto de instituições que constituem o poder público, e, de outro, a massa de pessoas jurídicas de direito privado, entre as quais estão as empresas responsáveis pela organização das atividades econômicas. O empresário, de acordo com a doutrina econômica tradicional, é um agente que toma decisões a partir de dados proporcionados pelo mercado, portanto independentes de sua vontade. Visando optimizar a remuneração de certa quantidade de capital, ele participa do processo de transformação que constitui a atividade econômica com "antecipações", ou seja, formulando hipóteses sobre o comportamento futuro de determinadas variáveis econômicas. Na função de antecipador, que implica necessariamente assumir risco, está o fundamento de legitimidade da apropriação que o empresário faz de parte do incremento da renda.

A teoria considera à parte a situação do monopolista, cujo exemplo extremo é o prestador de um serviço público. Como este, respeitando certa margem, pode estabelecer o nível da própria renda, e em detrimento do interesse público, sua fonte da legitimidade do poder não pode vir senão do Estado. Não é nosso propósito discutir o regime de concessão de serviços de utilidade pública, e sim recordar que a concepção privatista da empresa é inseparável da ideia de economia de mercado. Essa concepção nos diz que o empresário é um agente organizador da atividade produtiva, que atua nos limites rigorosamente estabelecidos pelos mercados nos quais ele se abastece de fatores ou coloca os seus produtos. Terá mais ou menos êxito à medida que for mais ou menos eficaz na transformação dos recursos postos à sua disposição, e à medida que for mais ou menos perspicaz na previsão do comportamento futuro dos mercados onde atua.

A empresa do tipo referido continua a prevalecer em importantes faixas da atividade econômica, mas ocupa posição declinante no setor industrial, particularmente nas atividades onde o progresso tecnológico foi mais intenso. A grande empresa industrial, pelas razões que já expusemos, tende a exercer forte influência nos mercados em que atua. Já assinalamos que a maioria dos setores significativos da atividade industrial, nos Estados Unidos, estão controlados por um pequeno grupo de empresas, o que é decorrência natural da evolução tecnológica. A grande empresa siderúrgica, que depende do fornecimento de minério de ferro, procurará naturalmente controlar a produção de algumas fontes dessa matéria-prima ou firmar contratos que garantam o abastecimento a longo prazo. Ademais, procurará entender-se com os grandes consumidores de produtos siderúrgicos para assegurar-se uma clientela, ou procurará criar condições que lhe permitam *liderar* o mercado. Em síntese: essa grande empresa é um centro controlador de certo número de "mercados", ou seja, é um centro de planejamento com ascendência sobre certas faixas da atividade econômica e pouca semelhança tem com a imagem tradicional do empresário-capitalista que arrisca seu capital em condições de incerteza duplamente aleatórias: insegurança dos mercados e da conjuntura geral.

Se as grandes empresas lideram os mercados e planejam a médio e longo prazos importantes setores da atividade econômica, é evidente que os lucros que obtêm são, grosso modo, determinados por elas mesmas, o que obedece a certas regras, tidos em conta a pressão salarial, a política fiscal e os planos de expansão da empresa em questão. Esta é uma afirmação de caráter geral e rigorosamente certa apenas para um número limitado de empresas. Aquelas que definem o seu comportamento de maneira articulada com outras enfrentarão limitações adicionais. Estudos empíricos têm demonstrado que a grande massa das empresas médias e pequenas fixa os seus preços (e portanto os lucros) em função do que estabelecem as empresas que lideram os mercados. Em grande número de casos, as empresas trabalham para outras, quase sempre maiores, sendo os preços fixados pelo comprador em função de custos de produção estimados e mais uma margem de lucro arbitrada. Em síntese: à medida que a economia capitalista foi superando as recessões periódicas, e o progresso tecnológico favoreceu as economias de escala de produção, a atividade industrial passou a ser controlada por grandes empresas, isto é, por organizações que planejam suas atividades a prazo longo e que tendem a condicionar o comportamento das demais.

A evolução que acabamos de descrever transformou a grande empresa em importante centro de decisões, cujo comportamento interessa setores significativos — ou mesmo o conjunto — da coletividade. A velha questão da interferência de pessoas físicas e jurídicas de direito privado nos centros tradicionais do poder público passou para segundo plano, sem contudo perder seu significado. O centro das atenções voltou-se para as novas formas que o sistema de poder assume, cuja estrutura foi integrando múltiplas instituições que continuam a ser catalogadas como de direito privado. Referindo-se aos Estados Unidos, onde esse problema se apresenta com toda nitidez, John Galbraith nos lembra que as decisões tomadas por empresas como a General Motors, a General Electric e várias outras têm muito mais influência sobre a população de seu país do que as decisões tomadas pela maioria dos centros que formam a estrutura tradicional do poder público.[34] Essa constatação tem levado muitos autores americanos a indagar sobre a fonte de legitimidade desse poder que vem sendo exercido pelas grandes empresas, conforme já assinalamos.

Para completar o quadro que vimos de esboçar, convém lembrar que na grande empresa moderna existe uma nítida separação entre a propriedade do capital e o controle da administração. Só excepcionalmente um grupo de acionistas se apresenta bastante articulado para exercer controle efetivo sobre a direção da empresa. É ponto pacífico da jurisprudência americana que a assembleia de acionistas e a direção da empresa são duas entidades independentes, que a direção não é agente dos acionistas e não está obrigada a seguir suas instruções. A assembleia de acionistas pode substituir a diretoria mas, uma vez instalada, esta passa a ser autônoma. Como na prática os acionistas em sua maioria passam procuração à diretoria para que tome as decisões que julgue conveniente, a

---

[34]Cf. J. K. Galbraith, *The new industrial State*, Houghton Mifflin & Co., Londres, 1967.

direção das grandes empresas se apresenta — para usar as palavras do professor Berle — como uma oligarquia que se autoperpetua automaticamente. O grupo dirigente, em geral, não controla senão uma ínfima parte do capital das grandes empresas. Nos Estados Unidos, no que se refere às sociedades anônimas industriais, essa parte não é muito superior a 2 por cento. Entretanto, seria ingênuo imaginar que essa oligarquia está constituída por pessoas sem riqueza pessoal. Tendo em conta que as diretorias das grandes empresas se autoatribuem salários e gratificações extremamente elevados, é natural que esses executivos estejam em condições de acumular um patrimônio pessoal que, via de regra, é investido em múltiplas empresas, não necessariamente do mesmo grupo.

Também seria ingênuo imaginar que o poder na grande empresa moderna é monopolizado pelos elementos que se situam mais alto na hierarquia do sistema de decisões. O caráter cada vez mais especializado e o peso crescente, no quadro da grande empresa, da inovação tecnológica, das análises prospectivas, das relações com o poder público, da ação visando condicionar o comportamento dos clientes, das relações de pessoal e, principalmente, a diversidade funcional e geográfica da frente de ação requerem uma descentralização de decisões e provocam um grau de difusão do poder na própria empresa. Em outras palavras, o sistema de direção das empresas está estruturado. É evidente que a direção da General Motors do Brasil, ou do México, não se limita a traduzir em planos operacionais o que decide a cabeça da organização; ela toma iniciativas e, dentro de certos limites, pode condicionar decisões de mais alto nível. Entretanto, também é evidente que, acima de tudo, se preserva a unidade de propósitos, e que, como estrutura de poder, a General Motors é uma empresa americana com atuação em uma área multinacional.

O poder que a grande empresa exerce é mais comumente observado do ângulo de sua capacidade para condicionar o comportamento dos consumidores. Trata-se, nesse caso, de uma consequência natural da posição que as grandes empresas ocupam como centros criadores ou aproveitadores das inovações tecnológicas. Em uma economia em expansão, os padrões de consumo tendem a modificar-se permanentemente e uma característica da sociedade industrial moderna é que ela não se preparou para orientar esse processo de transformação dos hábitos de consumo. Tradicionalmente, cabia às chamadas elites exemplares dar essa orientação, se bem que em condições de mudança social muito mais lenta. Nas condições atuais de rápida transformação dos padrões de consumo em uma ampla frente da sociedade, as chamadas elites, o *demi-monde*, os *parvenus*, os *snobs* perderam a sua função de correias de transmissão dos padrões de comportamento. Em nenhuma parte o poder público tomou plena consciência dessa situação de carência, em nenhuma parte se chegou a criar um Ministério da Beleza, por exemplo. Coube às empresas preencher, bem ou mal, essa lacuna — e o fizeram de forma muito imperfeita, pois aí está a civilização do consumo para demonstrá-lo. Não seria descabido afirmar que existe uma correlação positiva entre o nível de consumo das massas modernas e a pobreza imaginativa com que os homens utilizam os frutos de seu trabalho.

Contudo, a face mais importante do poder que exercem as grandes empresas é a que diz respeito à apropriação dos frutos dos aumentos de produtividade. Na medida em que uma grande empresa está em condições de controlar determinado setor da atividade econômica, mesmo que o faça articulada com outras, também está em condições de interferir no processo de distribuição da renda social. Isto é particularmente verdade quando há rápido progresso tecnológico, pelo simples fato de que a empresa é o instrumento pelo qual as inovações tecnológicas se inserem no sistema econômico. Tem-se argumentado que as empresas não poderiam alcançar os padrões superiores de planejamento que apresentam se tivessem de se submeter aos acasos dos mercados de capitais. A verdade é que a legislação fiscal por toda parte favoreceu essa transferência do processo de captação da poupança das instituições financeiras para as empresas responsáveis diretas pelos investimentos. A grande empresa moderna, ao planejar as suas atividades a médio e longo prazos, incorpora aos preços que pretende impor a margem normal de dividendos a distribuir e a outra margem de lucros a reter. Os lucros retidos e os fundos de depreciação devem assegurar a cobertura financeira básica dos planos de expansão.

Já antes da Segunda Guerra Mundial, as empresas americanas financiavam mais de metade de sua expansão com lucros retidos, e hoje o fazem quase a 100 por cento. Os fundos de amortização desempenham nesse processo um papel igualmente importante. Em condições de rápido progresso técnico, uma empresa que se limita a repor o seu equipamento já está em condições de aumentar sua produtividade. Como a durabilidade econômica de um equipamento é incerta, a anuidade de amortização tem apenas um significado fiscal, assumindo a forma de um acordo entre o governo arrecadador e a empresa, mediante o qual se fixa a "vida teórica" do equipamento. Na maioria dos países, com vistas a acelerar o progresso tecnológico, esse acordo se faz em bases extremamente generosas para a empresa.

Quando se observa de perto o mecanismo de financiamento da expansão da empresa moderna — reinvestimento de fundos que ela mesma acumula após haver remunerado todos os fatores que utiliza —, depreende-se com nitidez o seu caráter de centro de poder. Com efeito, somente porque estamos presos a certos esquemas jurídicos vemos uma diferença essencial entre um imposto à produção de automóveis e a fixação de uma margem de lucro adicional, feita pela empresa produtora, visando financiar o seu plano de expansão. Em síntese, a empresa moderna ocupa uma posição estratégica no sistema econômico, que lhe permite interferir na distribuição da renda. Via de regra esse poder é utilizado para induzir a coletividade a realizar uma poupança, da qual a empresa se apropria.

Numa economia desenvolvida, conforme já vimos, essa apropriação é compensada pela difusão dos frutos do progresso tecnológico no conjunto da coletividade. Nas economias subdesenvolvidas não se formam espontaneamente canais de difusão, o que responde pela concentração da renda.

As observações que vimos de fazer em torno do papel da grande empresa numa economia industrial nos ajudam a compreender o significado real dos investimentos estrangeiros existentes em um país como o Brasil. Não se pode reduzir esse problema à propriedade de ativos, pois a propriedade das ações de qualquer grande empresa estrangeira cabe a milhares de acionistas informados sobre a cotação de suas ações na bolsa, mas com pouca noção sobre onde estão localizadas as "suas" fábricas. O que realmente interessa é o comportamento dessas empresas como elementos de um sistema de poder, já que as filiais são controladas pela administração da matriz e não pelos acionistas. Acima de tudo, está a questão da captação da poupança. Em uma economia com as características da brasileira, em que as taxas de salários pouca relação têm com as elevações de produtividade, as empresas estão em situação privilegiada para reter em sua totalidade os benefícios do progresso tecnológico. Em outras palavras: nessa economia, o problema criado pela captação e apropriação de poupança coletiva pela empresa tem uma gravidade ainda maior, pois os setores em que é mais rápido o progresso tecnológico estão controlados por grandes empresas estrangeiras. Tidos em conta os dois fatores — retenção pela empresa dos frutos do progresso tecnológico e controle por grupos estrangeiros das empresas que operam nos setores de vanguarda tecnológica —, impõe-se a conclusão de que tanto a industrialização como a assimilação do progresso tecnológico favorecem o controle do sistema econômico por grupos estrangeiros.

Além do mais, existe a questão da autonomia e da coerência do sistema de decisões econômicas. Se umas poucas dezenas de grupos estrangeiros controlam, por suas filiais, grande parte do setor moderno da economia do país, que grau de autonomia corresponde aos centros nacionais de decisão? Não devemos esquecer que as filiais das empresas estrangeiras estão inseridas no sistema de poder vigente no país que as acolhe, ao mesmo tempo que são parte integrante de conjuntos cujos centros principais se situam em outro país. Esse caráter ambíguo da empresa estrangeira compromete necessariamente a eficácia dos centros nacionais de decisão. Não é esse um problema específico do Brasil. Mesmo no Canadá, cujo desenvolvimento é em grande parte obra de empresas estrangeiras, e onde sempre prevaleceu a doutrina mais liberal a esse respeito, se está tomando consciência da desarticulação que significa para um sistema econômico depender de decisões tomadas no estrangeiro em setores fundamentais.

Os problemas a que nos referimos são dos mais complexos entre os que cabe considerar em uma política de desenvolvimento nacional. A economia de qualquer país, mas particularmente a de um país subdesenvolvido, necessita assimilar o progresso tecnológico numa frente mais ampla possível. Ora, alienados pelas ilusões do *laissez-faire*, muitos desses países não se prepararam para enfrentar o problema. Conforme já observamos, o progresso tecnológico tem sido no Brasil uma *consequência* do desenvolvimento e não o seu motor, um subproduto de certos investimentos e não algo inerente ao processo de formação de capital. À falta de uma política de fomento e disciplina da assimilação do progresso tecnológico, chegou-se a uma situação em que empresas estrangeiras são as principais beneficiárias do avanço da técnica que se assimila. Trata-se de problema que requer uma abordagem global, no quadro de uma política que vise a fomentar a criação e a adaptação de novas técnicas, bem como sua assimilação.

Tanto a questão da apropriação da poupança coletiva, por meio dos fundos de amortização e dos chamados lucros retidos, como a do exercício de um poder de crescente ilegitimidade, somente poderão encontrar solução no quadro de uma transformação do estatuto da empresa em geral, levando em conta as características específicas da grande empresa e, mais ainda, da grande empresa estrangeira. Como conciliar a necessária autonomia das empresas e seu acesso a fontes seguras de financiamento com a difusão em benefício da coletividade dos frutos do progresso tecnológico? Como evitar que o poder que algumas delas exercem extrapole os limites definidos por órgãos mandatados para interpretar o interesse público? Ou ainda, como assegurar que empresas estrangeiras pautem o seu comportamento pelas diretrizes estabelecidas por órgãos orientadores da economia nacional?

Esse problema tem muitas faces, e está longe de nós a pretensão de abordá-las exaustiva e cabalmente. Antes de tudo, convém lembrar que a apropriação de poupança coletiva, realizada pela empresa no seu esforço de crescimento, favorece em última instância o acionista, elemento passivo no processo de desenvolvimento. A solução desse aspecto do problema terá de ser encontrada através de uma fórmula que permita à coletividade recuperar os frutos dessa poupança e participar dos benefícios do progresso técnico sem afetar o processo de crescimento da empresa. Em outras palavras, parte substancial do incremento do valor real dos ativos, decorrente do investimento dos fundos de depreciação, e outra não menos importante dos lucros retidos deveriam ser transformadas em certificados de participação emitidos em favor de instituições ligadas à pesquisa básica e tecnológica, à formação de quadros médios e superiores e ao investimento de infraestrutura. O argumento que surge de imediato é que tal política desencorajaria os investimentos estrangeiros no país.

Qual é a significação real desses investimentos? A média anual dos investimentos diretos líquidos norte-americanos no Brasil, no período 1962-65, não foi muito superior a 10 milhões de dólares, ao passo que os investimentos financiados com lucros retidos (não contadas as reservas de depreciação) se aproximaram de 90 milhões de dólares, anualmente. O grosso dos verdadeiros investimentos estrangeiros que se realizam em nosso país assume a forma de empréstimos a longo prazo ou de financiamentos a médio prazo de equipamentos adquiridos no estrangeiro. Não devemos esquecer que a assimilação da tecnologia moderna pode igualmente ser feita, na grande maioria dos casos, mediante o licenciamento de patentes e contratos de assistência técnica. Em realidade, tem sido essa a forma principal de propagação da técnica nos países de industrialização mais rápida. O Japão tem-se apoiado essencialmente no licenciamento de patentes, conservando em mãos de grupos nacionais o poder efetivo de decisão. Nesse país, onde a assimilação da tecnologia se fez com uma rapidez sem paralelo, o sistema nacional de decisões preservou o máximo de autonomia.

A busca de uma legitimidade para o poder que exercem as grandes empresas tende a ocupar posição central nas reflexões dos reformadores sociais desta geração. A ortodoxia marxista, que pretendia solucionar o problema por um controle central das decisões, foi contestada pela própria experiência daqueles que a aplicaram. Os custos sociais de uma rígida planificação centralizada são hoje demasiadamente conhecidos. A experiência das próprias empresas indica que certas decisões podem ser centralizadas com vantagem, enquanto outras, apenas a custos crescentes. Não é distinto o problema que se coloca quanto ao conjunto de um sistema econômico. As decisões que visam modificar a estrutura do sistema — por exemplo, aumentar a importância relativa das indústrias de bens de capital, ampliar o horizonte espacial —

requerem um elevado grau de centralização. Como essas decisões condicionam parcialmente todas as demais, pode-se dizer que o planejamento, realizado por órgãos que interpretem legitimamente o interesse público, constitui uma das formas de dar legitimidade às decisões tomadas pelas empresas. Em outras palavras: à medida que as empresas atuam conforme as diretrizes de um plano governamental, se assemelham a agentes do governo. Esse vínculo se manifesta com nitidez no caso do empreiteiro que contrata a execução de uma obra pública ou no de uma empresa que explora como concessionária um serviço público. É muito menos nítido no caso de uma empresa que, seguindo indicações do planejamento geral, programa os seus investimentos. Não resta dúvida, entretanto, de que o planejamento, ao condicionar o poder de decisão das empresas a objetivos de interesse público, estabelece uma base para legitimar o poder que elas exercem.

Uma segunda face desse mesmo problema é o poder que têm as empresas para condicionar o comportamento das massas consumidoras. Como as grandes empresas baseiam sua concorrência essencialmente na inovação dos produtos, a massa consumidora tende a ser saturada de propaganda e os seus hábitos de consumo moldados por departamentos de promoção de vendas ocasionalmente distantes dos hábitos locais. Talvez seja este o aspecto mais predatório do exercício do poder pelas grandes empresas.

A terceira face do problema é o sistema de gestão das empresas. Preservar sua autonomia não significa preservar a situação de privilégio desfrutada pela oligarquia que se autoperpetua na empresa. Esta, concebida como independente de seus acionistas, é um ente coletivo que se define por uma unidade de propósito e por uma estruturação dos elementos que a compõem. Seu poder real, no que respeita ao quadro funcional, conforme já observamos, é em parte descentralizado. Contudo, a ascensão dentro da empresa se faz por cooptação em uma estrutura de poder tipicamente oligárquica. A solução terá de ser buscada em um sistema de cogestão, que permita a constituição de um Conselho Diretor com elementos indicados pela massa trabalhadora, pelos quadros técnico-administrativos e pelos elementos que controlam a empresa tradicionalmente. Estes últimos seriam, em certos casos, representantes diretos de um grupo de acionistas, em outros, representariam outra empresa ligada à anterior. O que importa é que o órgão dirigente não seja um grupo que se autoperpetue e que manipule uma massa de acionistas invisíveis. Teria ele de surgir do corpo social da empresa, que lhe acordaria um mandato. Não se trata de ter no conselho de direção um *representante* dos trabalhadores, isto é, alguém com acesso às informações que interessam aos trabalhadores e preocupado apenas com a *defesa* de seus interesses. Trata-se de participar da direção como um todo e interpretar os seus interesses como um todo. Imaginemos o caso de uma empresa com capital amplamente pulverizado, cuja estrutura limita o poder dos acionistas de desfazer-se de suas ações em bolsa. Assim, não há nenhuma razão para que a direção da empresa não esteja plenamente integrada com o seu corpo social. A cogestão tende, nesse caso extremo, a assumir a forma de autogestão. No caso de filial estrangeira, evidentemente, esta última etapa não seria alcançada.

As observações que vimos de fazer têm o seu alcance limitado às grandes empresas. Mas não devemos esquecer que umas poucas centenas de companhias controlam de dois terços a três quartos do parque industrial de qualquer país razoavelmente industrializado. No caso das estrangeiras, essas observações se aplicam na sua plenitude e visam a dois objetivos gerais: *a*) a retenção no país e a transferência para a população dos frutos do progresso técnico assimilado pela empresa; *b*) a nacionalização da direção mediante a integração com o corpo social. Imaginemos, como hipótese de trabalho, que, uma vez pagos dividendos adequados ao capital investido pelos não residentes — supondo que todos os acionistas na fase inicial sejam estrangeiros —, metade dos lucros retidos sejam transformados em títulos, correspondentes a ações preferenciais, sem direito a voto e não negociáveis em bolsa, emitidas em benefício exclusivo de um instituto nacional de desenvolvimento, e metade na forma de ações ordinárias distribuídas ao pessoal e à diretoria, de acordo com critérios a serem definidos. Os diretores e quadros superiores estrangeiros que regressarem aos seus países venderiam em bolsa as ações que houvessem acumulado. O capital da empresa tenderia a nacionalizar-se e os vínculos entre o corpo social e a direção tenderiam a estreitar-se. Seria de se esperar que as relações entre a empresa e sua antiga matriz evoluíssem, no sentido de fechar contratos para utilização de patentes e de assistência técnica em casos especiais. Tratando-se de uma empresa com real autonomia, esses contratos não seriam tão leoninos como muitas vezes são os atuais. O objetivo último seria internalizar a empresa, que sempre será um centro de decisões e uma peça do sistema de poder.

Índice remissivo

A

agricultura de exportação, 132, 133, 135, 142
Aliança para o Progresso, 34
América Latina
  colonização, 119, 120
  conglomerados, 51, 52
  desenvolvimento, 80, 81, 82, 83, 95, 119, 123, 149, 150
  e Estados Unidos, 14, 37, 39, 52, 62, 72, 78, 80, 82
  economia, 44, 123, 124, 128, 129, 130, 149
  economia colonial, 123, 124
  estruturas econômicas, 52, 117
  fazendas, 124, 126
  industrialização, 75-76, 137, 149
  proprietários da terra, 120, 124, 125, 126
Argentina, 77, 78, 79, 133, 134, 143
  dualismo estrutural, 134

B

Berle, Adolph, 39, 205
Bolívia, 135
Brasil
  agropecuária, 156
  café, 105, 107, 109, 130, 131, 198
  concentração da renda, 36, 139, 140, 144, 145, 146, 148, 171, 176, 177, 180, 181, 191, 195
  desenvolvimento, 37, 156, 169, 178, 189, 210
  economia, 107, 113, 155, 165, 167, 174, 187, 196
  estrutura agrária, 155, 156, 158, 160
  fazendas, 158, 163
  indústria automobilística, 164
  indústria têxtil, 109, 110, 111, 112, 170, 181
  industrialização, 108, 109, 110, 111, 112, 113, 115, 144, 146, 169, 171, 173, 177, 179, 196
  propriedade da terra, 157
Bretton Woods, 55

C

Canadá, 14, 76, 210
capitalismo, 37, 43, 46, 47, 57,
    100, 101, 164, 167
Chile, 146
China, 25, 26, 28
Clay, Comitê, 38
Colômbia, 77
conglomerado, 45, 46, 47, 48, 49,
    50, 59
crise de 1929, 95, 96, 137, 138
Cuba
    crise dos foguetes, 26, 27

D

desenvolvimento, 81, 82, 83, 87,
    88, 89, 90, 91, 92, 95, 97, 99,
    100, 101, 103, 104, 105, 107,
    108, 109, 113, 186, 189
    capitalista, 149
    conceito de, 88, 101
    política de, 83, 149, 163, 195,
        210
    processo de, 34, 36, 51, 53, 74,
        88, 90, 97, 102, 104, 106,
        123, 211
desenvolvimento latino-americano
    ver América Latina
distribuição da renda, 85, 92, 93,
    94, 96, 127, 128, 167, 190,
    207

E

economia internacional, 54, 55, 57,
    72, 74, 75, 82
economia subdesenvolvida *ver* sub-
    desenvolvimento
Eisenhower, Dwight, 33
Estados Unidos, 13, 14, 15, 16, 17,
    18, 19, 20, 21, 22, 23, 24, 25,
    26, 27, 33, 34, 38, 39, 40, 43,
    46, 50, 52, 55, 56, 60, 61, 62,
    63, 65, 66, 68, 70, 71, 72, 73,
    78, 80, 82, 107, 129, 200, 202,
    204
    economia, 43, 56, 60, 65
    poder econômico, 18, 55
    segurança, 13, 14, 15, 16, 18,
        36, 37, 63
Europa Ocidental, 25, 63, 72, 76,
    107, 149, 199

F

Fulbright, James W., 24

G

Galbraith, John K., 204
Grã-Bretanha *ver* Inglaterra
guerra fria, 8, 11, 18, 19, 20, 22,
    23, 25, 26, 27, 28, 33

H

Hacker, Andrew, 39
Haiti, 128
Hymer, Stephen, 77

I

industrialização, 141, 142, 143, 209
    periférica, 53, 133
    retardada, 187
    substitutiva, 139, 141, 142, 143, 144
Inglaterra, 14, 17, 56, 62

J

Japão, 24, 76, 107, 212
Joxe, Alain, 62

K

Kennan, George F., 14, 20, 21, 22, 24

M

Marshall, Alfred, 48
Marx, Karl, 90, 91
Mason, Edward, 38
mercado interno, 76, 109, 110, 111, 135, 164, 169
México, 77, 78, 150, 205

Mill, John Stuart, 90
Monroe, doutrina, 15
Morgenthau, Hans, 21, 22, 23

N

Nações Unidas, 17, 19, 27, 35

P

países industrializados, 67, 76, 173, 201
países subdesenvolvidos *ver* subdesenvolvimento
Paraguai, 127
Peru, 77
pesquisa e desenvolvimento, 50, 68, 69
petróleo, 60, 114
planejamento, 28, 68, 164, 166, 186, 187, 188, 195, 207, 213
    técnicas de, 27
progresso tecnológico, 36, 49, 55, 61, 70, 75, 87, 88, 91, 92, 94, 96, 97, 99, 100, 101, 104, 105, 106, 108, 148, 163, 170, 171, 174, 175, 176, 177, 178, 179, 180, 181, 183, 185, 193, 196, 202, 203, 207, 208, 209, 210
protecionismo, 81, 109, 187
Pustay, John S., 35

R

revolução industrial, 88, 89
Rostow, W. W., 34
Rússia *ver* União Soviética

S

Segunda Guerra Mundial, 16, 17, 51, 207
Sherman Act, 42
Stevenson, Adlai, 35
subdesenvolvimento
   conceito de, 87, 88, 134
   e urbanização, 99, 129, 135
   economia subdesenvolvida, 170, 176, 181, 187
   países subdesenvolvidos, 13, 34, 36, 67, 96, 97, 98, 99, 100, 101, 178, 200
   problemas do, 13, 40
substituição de importações, 78, 95, 96, 113, 114, 137, 140, 143, 144, 167, 169, 170, 173, 197

T

Truman, Harry, 20

U

União Soviética, 19, 21, 22, 23, 24, 25, 26, 28, 33, 64
   "contenção" da, 19, 22
   segurança, 18, 63
Uruguai, 134

V

Venezuela, 77

W

Weber, Max, 100
Wilson, Thomas W., 16
Wolfers, Arnold, 34, 35

O texto deste livro foi composto em Sabon,
desenho tipográfico de Jan Tschichold de 1964
baseado nos estudos de Claude Garamond e
Jacques Sabon no século XVI, em corpo 10/13,5.
Para títulos e destaques, foi utilizada a tipografia
Frutiger, desenhada por Adrian Frutiger em 1975.

A impressão se deu sobre papel off-white 80g/m^2
pelo Sistema Digital Instant Duplex da Divisão Gráfica
da Distribuidora Record.